蒋传光 主编

上市公司差异化表决权法律制度研究

张赫曦 著

上海人民出版社

总　　序

　　党的十一届三中全会以来,伴随着改革开放,我国社会主义现代化建设进入新时期,在党的领导下,我们走出了中国特色社会主义法治道路,坚持党的领导、人民当家作主、依法治国的有机统一,坚持依法治国和以德治国相结合,建设社会主义法治国家,形成中国特色社会主义法律体系等,取得了社会主义法治建设的一系列重大成就。

　　党的十八大以来,中国特色社会主义进入新时代,面对世界百年未有之大变局和国内改革发展稳定的艰巨任务,法治在治国理政中的功能和作用进一步凸显。基于这种认识,针对法治建设领域存在的问题,我们党坚持全面推进依法治国,我国社会主义法治建设方面取得历史性成就、发生历史性变革,"社会主义法治国家建设深入推进,全面依法治国总体格局基本形成,中国特色社会主义法治体系加快建设,司法体制改革取得重大进展,社会公平正义保障更为坚实,法治中国建设开创新局面"。①这些成就的取得,离不开成熟法学理论的引领和支撑。

　　这些事实也表明,在法治建设理论和实践探索的过程中,无论是中国特色社会主义法学理论体系的构建,还是全面依法治国实践的深化;无论是社会主义法治国家建设的顶层设计,还是操作层面的具

---

① 习近平:《高举中国特色社会主义伟大旗帜　为全面建设社会主义现代化国家而团结奋斗——在中国共产党第二十次全国代表大会上的报告(2022年10月16日)》,人民出版社2022年版,第9—10页。

体法治;无论是良法善治理念的确立,还是以宪法为核心的中国特色社会主义法律体系的完善,这些目标的实现,是与深入系统的法学理论研究分不开的。"上海师大法学文库"的出版,就寄希望于能够为我国法治建设的理论和实践添砖加瓦,为我国法学研究的繁荣贡献绵薄力量。

上海师范大学法学学科经过建设和发展,在法学理论、法律史学、宪法与行政法学、民商法学、国际法学、诉讼法学等领域形成了自己的研究特色,产出了一批有一定影响力的学术成果。希望"上海师大法学文库"的出版,对进一步推动法学学科建设,促进学术研究和交流,提升学科内涵和扩大学术影响,培养学术新人等,能够起到促进作用。

蒋传光

目　　录

前　　言

　　差异化表决权结构作为突破传统"一股一票"表决权架构的特殊股权安排,自诞生起便备受争议。近年来,随着科技创新型公司对这一特殊股权结构的青睐,差异化表决权结构引起了学界和公众的诸多关注。即便是在对特殊股权结构相对宽容的美国,对于上市公司是否应当使用差异化表决权结构的争论也从未停息过。在科技创新型公司成长的过程中,前期需要注入大量的资金以推动公司的发展。在此期间,公司创始人为谋求公司进一步成长,需要多次引入外来资金。由于新的资本注入,公司创始人及其团队的股票份额也将被多次稀释,从而导致公司创始人及其团队的表决权比例随之下降,甚至最终会使他们丧失对公司控制权。一旦创始人丧失了对公司发展方向、经营模式以及运营策略的控制力,公司的长期持续稳定发展或将难以保障。以美国的苹果公司(Apple Inc.)为例,该公司的联合创始人之一史蒂夫·乔布斯(Steve Jobs)曾经在为进一步扩大公司而进行股权融资的过程中,由于股票份额被稀释而逐渐丧失了对公司的控制力,甚至一度因为股东们不满其经营理念,而失去了对苹果公司的经营大权,然而乔布斯的离开却直接导致了苹果公司经营状况急剧恶化,最终公司的股东们只能再次请乔布斯回来执掌大权。① 在这个事例中,如何去平衡看好公司未来发展的投资者与公司创始人之间的矛盾冲突,成为一个关键性问题。

对科技创新型公司而言,其成长与发展需要大量资金支持,但在股权融资过程中,公司创始人及其团队迫于资金压力将逐渐失去对公司的控制力,加之一些投资者的"野蛮入侵行为",最终可能导致公司创立之初的构想破灭。而差异化表决权结构的适用能够帮助公司创始人及其团队实现在股权融资过程中维持公司控制权的目的,解决了创始人及其团队的管理控制权与投资者的资本话语权之间的矛盾。创始人及其团队可以免于因担心表决权被稀释而放弃有利的融资机会,或者转而求助于成本更高的债务融资。通过差异化表决权结构,创始人能够以较低的资本成本获得对公司的控制权,从而成为公司的管理层,继而在公司的日常运作中贯彻自己的理念。并且差异化表决权结构有助于消除控制权市场对管理层的威胁,使作为管理层的创始人及其团队能够更加专注于公司的持续性发展和长久的经营,而不必过度担忧因短期市值不理想而被赶出公司,这样有助于激励创始人向公司投入更多的专用性成本。

但是,差异化表决权结构却进一步加剧了股东收益权与表决权之间的分离,改变了"一股一票"表决权结构下公司控制权配置的传统模式,打破了"资本多数决"的原则。在中国现行法律层面,根据中国《公司法》第 103 条以及第 126 条对股份有限公司股票所附表决权的相关规定,上市公司应当遵循"一股一票"的表决权安

---

① 参见马一:《股权稀释过程中公司控制权保持:法律途径与边界》,载《中外法学》2014 年第 3 期。

排,上市公司适用差异化表决权结构的合法性还有待确认。差异化表决权结构的主要争议点在于,这种股权架构导致了享有高权重表决权的内部股东(即创始人及其团队)与其他股东之间的利益失衡。差异化表决权结构使原本共同附着于股票权益之上的现金流(cash flow)与公司控制权分离,即造成了出资层面的少数派却成为了控制权层面上的佼佼者,由此凭借高权重表决权获取公司实际控制力的股东可能会作出有损资本层面上大股东利益的决定,例如当选董事的高权重表决权股东通过高昂的职务消费或者为自己批准高额报酬的方式,不当转移公司资产。因此差异化表决权结构很可能导致公司治理结构的无效运转。由差异化表决权结构引发的"同股不同权",使得传统公司内部存在的股东与公司之间的利益冲突、股东与股东之间的利益冲突,以及股东与管理者之间的利益冲突愈发复杂。如何平衡这些利益冲突,尤其是如何平衡特别表决权持有人与其他股东之间的利益冲突,防止特别表决权持有人滥用超额表决权,成为约束差异化表决权结构的焦点。

尽管差异化表决权制度备受争议,但是在实践中逐渐被许多国家和地区所接受。通过考察域外差异化表决权制度的发展状况,及其相关法律规范和各个交易所的上市规则可以发现,较为发达活跃的资本市场对差异化表决权结构的接受程度也比较高,并针对差异化表决权结构建立了相对完善的约束机制和投资者保护措施。完善的差异化表决权法律制度的建立,增加了特别表决权股东滥用其控制力的成本,并能够对特别表决权股东在运营公司过程中实施的侵占行为形成威慑。在全球化的背景之下,随着资本市场竞争越发激烈,差异化表决权制度呈现出趋同的倾向,梳理其他国家和地区相关制度的发展演变,能够为中国差异化表决权制度完善提供有益的参考。在面对公司经营的新需求以及股权结构创新时,对其态度不应当一味压制,而是应当将其纳入法律规范之中,对其进行充分引导,正如道格拉斯·C.诺斯(Douglass C. North)所言,如果制度缺乏了创新和变迁的冲动,并且各种技术创新成果没能通过一系列合理的制度构建固定下来,那么我们当今经济的长期增长和社会的长足发展将是无法想象的。

差异化表决权制度自身的独特性,使其具有了其他制度无法取代的价值。这种价值主要表现为消解了公司融资过程中企业家及其团队股权被稀释的现实与渴求维持公司控制权之间的矛盾,具有以下积极意义:首先,差异化表决权结构能够消除控制权流动的威胁,使管理层能够更加专注于公司的长远发展,而不必受制于公司短期市值波动的困扰,从而有助于公司的持续性发展。其次,差异化表决权结构降低了公司的融资成本。当公司遇到新的发展机遇时,公司创始人及其团队无需因担心控制权被稀释而放弃股权融资,或者转向成本较高的债务融资。再次,创始人及其团队享有稳固的控制权,有助于促使他们安心向公司投入专属性的人力资本。通过稳固的控制权,创始人及其团队还能有效地收回对公司前期投入的沉没成本,防止控制权变更后新的控制者"搭便车"的行为,从而激励公司的创始人及其团队勇于进行公司的前期投入。这些特点尤其契合科技创新型企业的发展需求。最后,差异化表决权结构有助于实现表决权的最优配置。因为并非所有股东都同样珍惜其享有的表决权,差异化表决权结构能够将表决权集中到珍惜它的创始人及其团队手中。另外,缺乏投票动力的股东也可以降低因行使表决权而带来的成本。

如今,中国置身于经济全球化的时代,公司法律以及配套的相关规范也需要不断创新从而与之匹配。面对差异化表决权这一创新制度,随着其在国际金融市场的接受程度越来越高:2018年香港证券交易所(HKEX)以及新加坡证券交易所(SGX)正式允许差异化表决权结构公司上市,②中国也于2020年随着科创板开板以及创业板修改上市规则,在实践层面接纳了差异化表决权结构的适用。目前中国的差异化表决权制度构建仍然处于起步阶段,现有的公司法理论与最新的公司治理实践并不能有效契合。在充分利用差异化表决权结构独有价值的同时,还应当警惕该股权架构的内生缺陷,即差异化表决权结构打破了股东的参与性权利与经济性权利之间一种相对均衡的态势,由此造成了作为控制股东的特别表决权股东和其他非控制股东之间的紧张关系。由于中国资本市场的成熟度和投资者的理性程度相较于发达国家还有一定差距,因此在构建差异化表决权制度时,应当形成以投资者为中心的监管体系,通过严格的强制性信息披露条款去规范差异化表决权上市公司的行为,加强特别表决权股东的信义义务,并通过证券交易所上市规则指引差异化表决权上市公司在其招股说明书和章程之中设置有效的投资者退出机制,以及建立多样化的事后纠纷解决机制,从而实现差异化表决权结构适用相关配套制度的完善,最终形成法律规范、证券监管部门的规章以及证券交易所上市规则之间相互配合的多层次监管体系。这样既能保障差异化表决权结构自身运用的灵活性,又能防范差异化表决权结构内生缺陷导致的非控制股东利益受损的情形,从而实现特别表决权股东与其他股东之间的利益均衡。

差异化表决权结构的运用急需一套投资者保护体系以制衡公

---

② 香港证券交易所于2018年4月24日修改了上市规则,增设了Chapter 8A,将双层股权结构纳入了主板上市规则之中,并于同年4月30日开始实施该规则。新加坡于2014年11月通过了《公司法》修正案,正式允许上市公司采用双层股权结构,不过,该修正案至2016年1月才正式生效。而新加坡证券交易所于2018年6月26日才正式出台并生效与双层股权结构相关的上市规则修正案。

司章程对特别表决权股东的"过度"保护。在全球化不断纵深发展的背景之下,公司治理也逐渐表现出趋同的态势,不仅仅是中国,世界范围内各个国家和地区的公司法律规范都在所难免地被烙印上了技术变革和规则大同的印记。③今后差异化表决权结构的相关法律规范势必要与中国的《公司法》以及《证券法》进行协调性构建,公司股权结构变革如何更好地适应新经济的发展,使之成为科技创新型企业的推动力,已然是公司法学术研究的热点问题。差异化表决权制度下,如何防止差异化表决权公司中,特别表决权持有人滥用其控制权侵害其他股东利益,以及如何构建司法机关对差异化表决权结构的审查标准变得至关重要。在这样的背景下,我们不得不思考以下问题:因资本市场制度竞争而接纳的差异化表决权结构究竟是公司融资的良方还是扰乱公司治理秩序的毒药?立法者应当如何进行制度设计?监管者又能保留多大空间的监管权限?司法实践中又应当如何确定自由裁量的边界?本书拟从股权变革的角度研究差异化表决权结构的法律架构及其监管规制问题,使用适应性效率理论和股东异质性理论塑造和构建差异化表决权制度,在满足商业实践需求的同时,构筑起完整的投资者保护体系。

　　公司理应根据自身成长的不同目标,进行不同的股权规划来处理公司发展、资金需求以及股权分配与公司控制权之间的关系,差异化表决权结构的产生正是源于这种商业实践的需要。正如弗兰克·伊斯特布鲁克(Frank H. Easterbrook)和丹尼尔·费希尔(Daniel R. Fischel)在《公司法的经济结构》中所言:最好的公司治理结构从来都不是产生于理论的推导之中,而是通过时间从经验

---

③　参见[美]弗兰克·伊斯特布鲁克、[美]丹尼尔·费希尔:《公司法的经济结构》,罗培新、张建伟译,北京大学出版社 2014 年版,第 15 页。

之中发展而来。对于那种某一类治理结构是最好的声称,我们应当始终保持质疑的态度。④公允而论,差异化表决权制度在美国创业投资实践中取得了令人瞩目的成就,但是这种股权结构在美国的繁荣,与美国的商业环境、经济发展以及公司法的价值取向等方面有着密不可分的联系。同样,差异化表决权制度在中国的发展也有其必要性和原生性需求,在公司法律制度构建方面应当立足于中国本土法律资源环境,理性地审视国外差异化表决权结构的配套制度移植是否有助于中国公司治理的发展,从而推动完善中国公司法以及证券法的修订,以适应科技创新型经济的发展。

差异化表决权结构作为差异化表决权制度构建和完善的内核,应当对其进行剖析,在明辨差异化表决权结构利弊的基础之上,构建适合中国本土化的制度规范。无论是典型的差异化表决权结构,还是阿里巴巴"湖畔合伙人"制度,都源于商业实践中商人之间对各种不确定性的博弈与利益衡量。本书将探究中国差异化表决权结构是"如何产生的",以及"为什么会产生",并试图梳理中国本土差异化表决权结构的起源、发展模式、趋势方向以及对中国公司法制度变迁产生的影响。提炼差异化表决权结构的理论框架。从适应性效率角度出发,分析差异化表决权结构的内外部利益冲突,进而构建差异化表决权结构的理论根基,探讨差异化表决权结构背后的应用逻辑。就差异化表决权结构是否破坏了上市公司有效治理结构、差异化表决权结构的正当性基础为何等问题进行探讨,界定差异化表决权结构的限制边界,再次使公司所有权、控制权以及经营权之间取得平衡,并对差异化表决权结构应当如何与中国现行的法律制度规范相协调作出了构想,针对"公司治理

---

④　See Frank H. Easterbrook & Daniel R. Fischel, The Economic Structure of Corporate Law, Harvard University Press, 5(1996).

结构变化""股权稀释与公司控制权维持""不同表决权架构与各方利益协调机制"等问题的法律制度构建提出合理建议。构建差异化表决权结构的司法审查标准。通过研究归纳美国等发达国家差异化表决权结构运用状况,试图总结出差异化表决权结构在实际应用中存在哪些争议及其解决办法。以期中国能够建立以投资者保护为中心的差异化表决权制度,尽可能实现差异化表决权结构上市公司中股东之间的利益均衡。

第一章

差异化表决权结构的基础理论

差异化表决权结构作为一种特殊的股权结构,能够对公司治理产生重要影响。一方面,股权结构作为公司治理的基石,决定着控制股东的身份以及公司股权的集中程度等诸多方面。不同股权架构安排会导致股东权利行使的方式和效果存在差异,进而对公司内部治理机制产生直接影响。另一方面,尽管公司的股权结构安排还会受制于外部治理机制的约束,但是公司内部的股权架构安排也会对外部治理机制产生间接的影响。⑤不同类型的股权架构安排是公司控制权争夺的主要手段之一。控制权作为一种股权派生出的经济性权利,其本质属于利益冲突的产物。伯利(Berle)和米恩斯(Means)指出,享有公司控制权的人,能够通过行使法定权利或者施加影响的方式,决定董事人选的任免。哈罗德·德姆塞茨(Harold Demsetz)将控制权进一步描述为排他性使用和处置企业稀缺资源(如人力资源和财务资源)的权利约束。在"一股一票"表决权结构中,通常上市公司的股权结构相对分散,存在着大

---

⑤　参见李维安、郝臣编著:《公司治理手册》,清华大学出版社 2015 年版,第122 页。

量的小股东,且缺乏核心大股东,公司决策易变得异常复杂,在股东博弈过程中,公司需要花费大量的精力和资源去协调各方利益,还容易在日常经营中引发管理层的道德危机,如"宝万之争"中,由于缺乏实际控制人,在面对"野蛮人入侵"时,难以抵御。即便是在高度集中型的股权结构公司中,创始人一家独大,掌握了绝大多数股份,但是融资作为创业道路上的必经之役,将导致创始人及其团队的股份不可避免地被稀释,如"1号店"创始人在融资之役中失败,最终沦为"打工仔"。这为企业创始人敲响了警钟,使他们不得不思考:创始人在公司融资发展过程中如何使得自己能够持续掌舵? 企业家始终在寻找保护自己企业的方式。差异化表决权结构的流行,源于创始人对控制权的追求,在引入外部股东的过程中防止自身的控制权被稀释。刘强东曾经在采访中表态,如果失去控制权,他将离开京东。创始人只有掌握了控制权,才能在公司经营过程中不被绑架,在创业过程中大展拳脚贯彻自己的经营理念和价值观,按照自己的意愿制定发展战略,同时提高公司的运营效率。

从契约理论的视角分析表决权能够发现,公司不过是一个众多契约安排组成的网络。⑥但是几乎不可能通过完备的契约精准划分每个公司参与人的权限和责任,而且将这些事项事无巨细地进行规定也是一件非常低效的事情。⑦公司经营过程中许多事务的处理需要依赖于管理者的自由裁量。公司通常以持续性的关系代替详尽的规则,从而降低公司各个参与方的订约成本。公司法作为公司结构问题的标准格式契约,提供符合缔约各方期待的原

---

⑥　See Micheal Jensen & William Meckling, Theory of the Firm: Managerial Behavior, Agency Costs and Ownership Structure, Journal of Financial Economics 3, 305(1976).

⑦　See Clifford W. Smith & Jerold B. Warner, On Financial Contracting: An Analysis of Bond Covenants, Journal of Financial Economics 7, 117(1979).

则,降低了公司各方参与人的协商成本。但是这种调整是一般性的,很多情况下,法律规定并不足够充分,即便存在备用原则(如信义原则),也不能完全覆盖公司各个参与方的关系,细节问题的处理仍然需要通过其他方式来解决。表决权制度就发挥着这种功能。股东享有的表决权会因公司内部股权架构不同而呈现出不同的安排。股权结构体现了股东之间以及股东与公司之间的关联,是公司治理的重要内容之一。[8]中国公司法明确赋予了股东选任董事的权利,以及对公司重大事项发生变更时的决定权利,为股东保留了有限但是却具有关键性的决策权。这对股东合法参与董事选举程序以及如何影响公司事务具有至关重要的作用。公司内部表决权机制安排,能够对公司的日常运作起到举足轻重的作用。而表决过程本身的不断演化发展,也可以促使公司运作更加富有效率。

传统公司法理论中,股份被视为一种将股东地位进行比例化划分的立法技术,明确了股东与公司之间的法律关系,并使得股东能够更加便利地转让股份回收投入资金。在公司法有限责任的庇佑之下,股东仅需要以其购买的股票价值为限,对公司承担责任即可,并且可以凭借其对公司的投资获得股权。股权依照其目的,可以分为自益权和共益权。其中,自益权是指股东可以依据其持有的股票份额,享有股息(dividend),获得公司现金流以及参与剩余财产分配等权利,概括而言,自益权就是以获得经济性权利为主要目的的权利。而共益权则是指股东通过行使表决权的方式,将其对公司的控制力落实在公司的经营决策等方面,换言之,共益权是

---

⑧　参见[日]神田秀树:《公司法的精神》,朱大明译,法律出版社 2016 年版,第 31 页。公司治理中的"公司"通常是指上市公司,"治理"则指大型企业中意思决定的体制,即企业的各方关联人之间以及关联人与公司之间如何产生关联。

以股东参与公司经营为目的的权利。通常情况下,共益权的行使效果不仅仅会及于股东自身,同时还会对公司的其他股东造成直接影响。因此,在一些情况下,有必要对股东的共益权进行约束。股权所包含的这两项权利均与股东的风险承担密切相关。⑨

其中股东的参与性权利,即共益权,作为公司内部治理机制,是公司法构建的重要部分。公司法要求股东通过投票表决的方式选任董事,组成董事会,并对董事会赋予管理公司的职权。董事还会再进一步选聘经理人以执行公司日常运作。股东还可以通过重新选任董事的方式,从根本上改变公司的运作方向,间接掌握对公司的最终控制权。无论是法律的制度供给还是公司章程的事先约定,对股东而言,表决权意味着股东对合约事先未予规定的事项作出决定的权利。公司内部权力配置始终是股份公司治理永恒的讨论话题。不同的公司治理理念,会催生不同的内部权力配置模式,公司内部权力配置模式的不断优化,还将进一步推动公司治理的发展。传统的"一股一票"原则与差异化表决权结构在股东投票表决方面存在显著差异。不同类型的公司其对表决权架构安排有着不同的需求。股东的表决权安排及其运作机制是公司效率性的体现,选择恰当的表决权结构能够有效降低公司的运作成本。

第一节 差异化表决权结构的概念厘定

一、差异化表决权结构界定及其法律属性

(一)差异化表决权结构界定

差异化表决权结构是相较于"一股一票"表决权结构而言的一种特殊表决权模式。在境外,差异化表决权结构又被称为双层股

---

⑨ 参见[美]罗伯塔·罗曼诺编著:《公司法基础》(第二版),罗培新译,北京大学出版社2013年版,第18页。

权结构(the dual-class stock structure)。通常情况下,差异化表决权结构将普通股(common stock)分成两个组别,其中一组股票的股东所拥有的每一股票所附带的表决权是另一组股东所拥有的每一股票所附带表决权的数倍,从而形成了差异化表决权安排,但是除表决权外,股东的其他权利毫无差别。根据科创板以及创业板上市规则的规定,中国的差异化表决权结构是指科技创新型企业发行的股票之中,含有特别表决权股的架构,其中特别表决权股享有高权重表决权,但其表决权数量不得超过"一股一票"普通股的10倍,且除表决权以外,股东的其他权利完全相同。[⑩]在美国,传统的双层股权结构公司(the traditional dual-class company)将低权重表决权股(the low-voting stock)提供给公众股东,将高权重表决权股(the high-voting shares)保留在公司内部人(company's insiders)手中,通常情况下,高权重表决权股是低权重表决权股的10倍。[⑪]在实践中,甚至有些公司将差异化表决权股的类别扩张至多层股权结构(multiple classes of stock),即除了将普通股分成高权重表决权股和低权重表决权股之外,还对外发行无表决权的普通股(nonvoting common stock),如美国的网络科技公司 Snap 公司(Snap Inc.)。但是在经济性权利方面,高权重表决权股股东与其

---

⑩　参见《上海证券交易所科创板股票上市规则》第 4.5.4 条:"上市公司章程应当规定每份特别表决权股份的表决权数量。每份特别表决权股份的表决权数量应当相同,且不得超过每份普通股份的表决权数量的 10 倍。"《深圳证券交易所创业板股票上市规则》第 4.4.4 条:"上市公司章程应当规定每份特别表决权股份的表决权数量。每份特别表决权股份的表决权数量应当相同,且不得超过每份普通股份的表决权数量的 10 倍。"

⑪　See "Dual-Class Stock", Council Institutional Investment, last modified January 12, 2019, https://www.cii.org/dualclass_stock. 将双层股权结构的概念定义为:"在典型的双层资本结构中,内部人获得每股多个投票权的普通股;公众股东获得每股一个投票权的股份。因此,双层资本结构允许内部人拥有少量的股票的同时,控制公司的多数投票权。"

他组别的普通股股东享有完全相同的权利。因此差异化股权结构中,所谓的"同股不同权"是指同一公司中的普通股享有不同的投票权,而非享有不同的经济性权利。[12]

差异化表决权结构实现了公司控制权在投资者与创业者之间的转移,迎合了不同投资者的投票偏好,为公司权力在投资者之间自由配置提供了必要的张力。差异化表决权结构使公司在融资过程中,能够便利地获取资本同时维持创始人或者其团队的控制权,使其能够优先考虑公司的长期目标而非短期的市值。差异化表决权结构对公司创始人的价值主要体现在两个方面:一方面,对公司经营理念上,创始人并不希望被投资人过度地指手画脚,尤其是要提防投资人将自己的"好创意"抢走。因为对于创始人而言,他们能够与投资者进行谈判的最大筹码在于他们自身所拥有的创新型技术或者他们所掌握的其他商业机密等,能够对公司的生产、经营等方面产生巨大的影响力,并且创始人期望这种才华或者技术能够得到资本的承认。这一需求与科技创新型公司的特点尤为契合,在这类行业中差异化表决权结构获得了广泛青睐。另一方面,使用差异化表决权结构,还能使创始人分散投资,实现投资风险规避以及优化投资组合。[13]通常情况下,创始人将全部资产投入单个公司中,会遭受福利损失,因为他承担的风险程度将超过必要限度。

(二)差异化表决权结构的法律属性

差异化表决权结构中,享有高权重表决权的特别表决权股属

---

[12] See Joel Seligman, Equal Protection in Shareholder Voting Rights: The One Common Share, One Vote Controversy, The George Washington Law Review 54, 687—694(1985).

[13] 同前注⑨罗伯塔·罗曼诺书,第9页。

于类别股的一种。在股份上所附着的权利可以相互分离并自由重组的理论前提下,朱慈蕴教授将类别股定义为:股东权利在某些方面受到限制或者扩张的股份类型。由于差异化表决权结构在股东投票权方面作出了特别安排,赋予了特别表决权股多数投票权,扩张了部分股东的权利,因此属于类别股的一种。[14]对于公开公司而言,考虑到股东之间利益调整的灵活性以及对公司章程自治的尊重,在一定程度上扩张中国类别股的范围,不仅有助于实现不同特性公司对表决权安排的不同需求,还有助于中国类别股体系的构建。通过完善中国类别股体系,还将进一步推进在股权分离背景下,不同股权安排产生的不同股份类别的具体边界以及其作为工具的现实目的。

二、差异化表决权结构辨析

(一)差异化表决权结构与优先股的区别

虽然差异化表决权结构中的部分股东与优先股股东在表决权方面均受到限制,但是优先股(preferred stock)通常以分红优先权和清算优先权为核心,其表决权受到限制,模糊了股权与债权的边界,是公司股份债权化的表现。[15]无论在自益权方面还是在共益权方面均不同于普通股。差异化表决权结构与优先股的差异主要表现在以下几个方面:其一,享有的经济性权利不同。优先股股东获得的股息通常是固定的,股息收益也不会随着公司业绩的好坏而产生波动,并且优先股股东能够优先于其他股东获得分红。但是差异化表决权结构中,无论是特别表决权股东还是低权重表决权

---

[14]　参见朱慈蕴、沈朝晖:《类别股与中国公司法的演进》,载《中国社会科学》2013 年第 9 期。

[15]　参见潘林:《优先股与普通股的利益分配——基于信义义务的制度方法》,载《法学研究》2019 年第 3 期。

股东都属于普通股股东,其预期收益具有开放性,股息会随着公司的经营状况变动不居,其收入具有不确定性,并且任何一方股东都不享有优先领取股息的权利。其二,当公司发生清算时,股东获得清偿的顺序不同。优先股股东优先于差异化表决权结构中的股东获得清偿。差异化表决权结构中的股东对公司资产的权利位居最后,当公司资不抵债时,即使普通股股东之间存在表决权差异,但是均需承担最终的亏损。优先股股东获得清偿后,就不再是公司剩余财产的所有人,这使得二者在行为激励上也会产生差异。[16]其三,二者的股票流动性(share liquidity)不同。在差异化表决权结构中,享有高权重表决权的特别表决权股的转让通常受到严格限制,其流动性低于优先股的流动性。其四,创始人及其团队通过差异化表决权结构维持公司控制权的成本要低于采用优先股维持公司控制权的成本。企业创始人或者其团队在维持公司控制权时,由于优先股享有优先分红和优先清算的经济性权益,并且中国证券监督管理委员会对优先股的融资规模作出限制,发行人若想通过发行优先股募集资金,则需要发行配套比例的普通股,而新增的普通股又会进一步稀释创始人对公司的控制权,如此反复,想要维持公司控制权的创始人势必又将陷入股权融资与控制权丧失的困境之中,[17]由此可以看出优先股的融资成本要高于差异化表决权结构的融资成本。

不过,英国学者保罗·戴维斯(Paul Davies)也指出,从法律的角度看,普通股是唯一一种能够明显区分于债券的证券类型。但

---

[16] 参见[英]艾利斯·费伦:《公司金融法律原理》,罗培新译,北京大学出版社 2012 年版,第 150 页。

[17] 参见证券监督管理委员会颁布的《优先股试点管理办法》第 23 条:"上市公司已发行的优先股不得超过公司普通股股份总数的百分之五十,且筹资金额不得超过发行前净资产的百分之五十,已回购、转换的优先股不纳入计算。"

是当优先股赋予优先股股东固定的收益分配和优先性的资产返还等实质性权益时,普通股就在悄无声息间落入了优先股的范畴,而公司将其称为"优先股"还是"优先性普通股"则全凭公司的喜好了。[18]对类别股的命名,我们可能有许多偏好,但是实质上的内涵仍有界定清晰的必要。

综上,差异化表决权结构强调不同类别普通股表决权安排上的差异,而优先股则强调利益分配上的优先权,优先股的分红优先权和清算优先权成为其区别于普通股的重要特性。[19]优先股的股东因为表决权受到限制而遭受的损失,是可以通过优先股的各种"优先性"予以弥补的。正是基于这些特性,使得表决权受限的优先股区别于差异化表决权结构中的特别表决权股。事实上,尽管有些法域中会禁止差异化表决权结构的存在,但是却会接受优先股。然而在差异化表决权结构中,所有股东均享有相仿的经济性权利,以及相同的清算顺序,仅仅在公司决策权方面有所不同。这意味着在差异化表决权结构中,持有高权重表决权的股东在公司经营方针的决策方面具有更高的影响力,但是其所承担的不利后果却要低于那些低权重表决权股东所承担的后果。

（二）差异化表决权结构与黄金股的区别

黄金股(golden shares)源于英国政府推行国有企业私有化过程中,为了确保政府对特定企业的控制力,以实现社会公共利益、保护消费者权益以及防止外国企业并购本国企业等目的而发行的

---

[18]　参见[英]保罗・戴维斯、[英]莎拉・沃辛顿:《现代公司法原理》,罗培新等译,法律出版社 2016 年版,第 854—856 页。

[19]　参见于莹、潘林:《优先股制度与创业企业——以美国风险投资为背景的研究》,载《当代法学》2011 年第 4 期。

一种"一票否决"股份。原则上黄金股由政府持有,可以对公司特定事项的决议行使一票否决权或者有权直接向企业派驻董事或监事干预公司决策。[20]中国在国有企业改革的过程中,也在逐步探索黄金股制度,2014年广东省政府发布的《关于深化省属国有企业改革的实施方案》明确指出,为了实现国有股东有权在与民生相关的具有准公共性质的企业中,对特定事项的表决上行使否决权,要探索建立黄金股制度。

尽管黄金股也可以视为一种附带特别表决权的股份,在某种程度上也具有阻止企业收购的效果,[21]但是黄金股制度与差异化表决权结构仍然存在本质差异:首先,二者的财产性收益不同。黄金股不具有任何股票收益权,也不能用于质押或者担保,而差异化表决权结构中的特别表决权股的收益权与普通股完全相同,并可依照证券质押登记的相关规定办理特别表决权股的证券质押。其次,二者的持有主体不同。黄金股的持有主体通常为政府,而差异化表决权结构中的特别表决权股持有人通常为公司的创始人或者其团队。最后,二者表决权行使的后果不同。黄金股可以凭借一票否决特定事项,而不能促进某项公司决议的通过,但是差异化表决权结构则恰恰相反,特别表决权股能够促成某项公司决议的产生,这意味着在差异化表决权结构公司中特别表决权股东也能够否决某项公司决议,因而持有特别表决权股的股东对公司享有更强的控制力。

总之,培育吸引创业精神和提升创新优势的核心是建立企业

---

[20] 参见陈怡璇:《国企金股制:戴着脚镣的舞蹈》,载《上海国资》2014年第6期。

[21] 参见汪青松:《论股份公司股东权利的分离——以"一股一票"原则的历史兴衰为背景》,载《清华法学》2014年第2期。

家进入公开市场的多种途径。每个上市公司都应该具有灵活性来决定对自己最合适、最有利的制度结构,只要这种结构是透明的,并预先披露,让投资者对公司有完全了解的机会,公司治理安排的私人秩序(private ordering)能够有效带来财富最大化。差异化表决权结构实现了投资者与创新型高增长公司的创始人并肩协作的可能,使投资者享受这些公司成功带来的经济利益。㉒已有的学术研究表明,从纯粹的经济学角度来看,差异化表决权结构并没有损害公司的股价。每个不同种类的普通股都有相同的经济权利,差别只是在于投票权的不同。㉓

三、差异化表决权结构的例证

对差异化表决权结构进行概念和性质的界定是我们认知事物的一种方式,观察差异化表决权结构的实际运作情况,有助于我们更好地了解这种特殊股权结构的真实样态。在实践中,采用差异化表决权结构的公司通常情况下会将高权重表决权股配置给公司的知情内部人,这类人对公司运营状况较为了解,知晓公司第一手财务、业务资讯,通常他们重视其表决权并积极参与投票,如企业创始人及其管理团队。这类股东通常愿意为投票权的行使支付更高的对价,如自愿付出时间和金钱评估所要表决的事项,积极促成表决结果。而低权重表决权股甚至是无表决权股则配置给公众投资者或者机构投资者。

㉒ See "The Promise of Market Reform: Reigniting America's Economic Engine", Harvard, last modified May 18, 2017, https://corpgov.law.harvard.edu/2017/05/18/the-promise-of-market-reform-reigniting-americas-economic-engine/.

㉓ See "Google, Inc., Registration Statement(Form S-1)", SEC, last modified April 29, 2004, https://www.sec.gov/Archives/edgar/data/1288776/000119312504073639/ds1.htm.

（一）差异化表决权结构的典型架构

1. 优刻得科技股份有限公司

优刻得科技股份有限公司(以下简称优刻得公司)[24]是中国第一家采用差异化表决权结构上市的公司,2020年1月20日,优刻得公司正式在中国上海证券交易所的科创板挂牌上市交易。根据优刻得公司招股说明书中对差异化表决权结构安排的相关信息披露,该公司主要从特别表决权股东的持股资格,特别表决权股的表决权数、表决事项、不适用的情形以及转让和转换等几个方面进行了说明。

根据优刻得公司的章程规定,差异化表决权结构中的A类股与B类股有权就股东大会的议案进行表决,A类股股东的投票权是B类股股东投票权的5倍。但同时还规定A类股股东对以下特定事件表决时,其表决权数将恢复至与B类股股东相同的数量,具体而言这些事项主要包括:(1)涉及修改公司章程的事项;(2)A类股股东表决权数量发生改变的事项;(3)公司聘请或者解聘独立董事以及为公司出具审计意见的会计师事务所和律师事务所的事项;(4)公司分立、合并、解散或者公司形式变更的情形。优刻得公司并未对差异化表决权结构的使用设置期限,只要股东大会未对A类股特别表决权安排作出变更,就可长久持续地运营。股东只有达到对优刻得公司的发展作出重大贡献,持续担任优刻得公司的董事或者能够实际控制董事的股东,并且该股东在优刻得公司中的持股权益达到已发行股份的10%时,才有资格享有A类特别表决权股的高权重表决权。优刻得公司上市后,A类股不得增发,

———————

[24] 参见优刻得科技股份有限公司,上海证券交易所网站：http://www.sse.com.cn/assortment/stock/list/info/company/index.shtml?COMPANY_CODE=688158,访问日期：2020年1月25日。

也不得再提高 A 类股的表决权比例，并且 A 类股不得在二级市场上流通。当 A 类股的持股人丧失资格、离任、不再具有履职能力或者死亡时，以及向他人转让其所持的 A 类股或者委托他人行使 A 类股享有的特别表决权时，A 类股将按照 1∶1 的比例转化为 B 类股。此外，当公司控制权发生变更时，优刻得公司的全部 A 类股份将转换为 B 类股份。

优刻得公司主要股东的持股及其表决权情况如下：

序号	股东名称	持股比例	A类股持股量	B类股持股量	表决权比例
1	季昕华	13.963 3%	50 831 173	无	33.67%
2	莫显峰	6.435 7%	23 428 536	无	15.52%
3	华琨	6.435 7%	23 428 536	无	15.52%
4	君联博珩	10.285 0%	无	37 440 660	4.96%
5	元禾优云	10.176 8%	无	37 046 834	4.91%

2. 京东集团股份有限公司

继 2014 年京东集团股份有限公司（以下简称京东集团）采用差异化表决权结构在美国纳斯达克（NASDAQ）上市，2020 年 6 月 18 日京东集团同样以差异化表决权结构正式在香港证券交易所第二次上市，下文将对京东集团在香港证券交易所上市的主要情况进行介绍。

根据京东集团在纳斯达克上市的招股说明书披露，京东集团将其股票分为 A 类普通股和 B 类普通股。机构投资者们通常持有每股仅享有 1 个表决权的 A 类普通股，而作为创始人的刘强东则持有的是每股享有 20 个表决权的 B 类普通股。上市后，刘强东凭借其持有的 23.1% 的股票份额（其中包含 4.3% 的激励股权）将享有 83.7% 的表决权，以此实现其对股东大会重要决议事项的

控制力。㉕

京东集团在香港证券交易所上市的股权架构采用了与在纳斯达克上市相同的差异化表决权结构,仍然将股票分为 A 类普通股和 B 类普通股,其中 B 类普通股的表决权仍然是 A 类普通股表决权的 20 倍。尽管刘强东作为差异化表决权结构的投票权受益人并不拥有京东集团的大部分经济性权益,但是却享有对公司的控制权。京东集团也对这种高权重表决权作出了限制性约定,如果 B 类股的持有人将股份转让给与持股人无关的其他人士或者实体,则 B 类股将转化为同等数量的 A 类股。如果刘强东不再享有 B 类股的最终实益、不再担任公司董事及首席执行官,或者永久无法出席董事会会议以及管理公司业务,则其拥有的全部 B 类股份也将自动转化为 A 类股份。根据其招股说明书的介绍,㉖京东集团主要持股情况如下:

序号	股东名称	持股比例	A 类股持股量	B 类股持股量	表决权比例
1	刘强东(含 Max Smart Limited 及 Fortune Rising Holdings Limited)	15.1%	27 000 000	421 507 423	78.4%
2	黄河投资公司	17.8%	527 207 099	无	4.6%
3	沃尔玛(Walmart)	9.8%	289 053 746	无	2.5%

(二)差异化表决权结构的非典型架构

Snap 公司的三层股权结构属于差异化表决权结构的非典型

㉕　See "JD. com, Inc., Annual and transition report of foreign private issuers〔Sections 13 or 15(d)〕(FORM 20-F)", last modified April 27, 2018, https:// www. sec. gov/Archives/edgar/data/1549802/000110465918027777/a18-5116_120f. htm.

㉖　参见京东集团股份有限公司,香港联交所网站:www. hkexnews. hk,访问日期:2020 年 9 月 15 日。

架构。Snap 公司是一家美国的社交媒体公司，其主要产品是一款名为"Snapchat"的照片分享应用。2017 年 3 月，Snap 公司在纽约证券交易所（NYSE）上市，成为第一家仅向公众发行无表决权股票的公司。[27]这家公司的创始人发行了超过 35 亿美元的无表决权股票，其 27 岁的首席执行官埃文·斯皮格尔（Evan Spiegel）和他的联合创始人将公司近 90% 的投票权留给了自己，另外 10% 则留给了公司其他内部人。根据 Snap 公司的招股说明书介绍，该公司大胆地采用了三层股权结构，将普通股分为无表决权的 A 类普通股（除特拉华州法律外）、仅享有一个投票权的 B 类普通股以及享有十个投票权的 C 类普通股。他们面向公众投资者发行无表决权的 A 类普通股，而具有表决权的 B 类股和 C 类股则为公司内部人保留，并用于对股东会事项进行投票。埃文·斯皮格尔和鲍比·墨菲（Bobby Murphy）作为联合创始人，共持有已发行股份的 18.7%，但是他们却能够拥有该公司 88.5% 的表决权。并且两名联合创始人相互指定对方为自己的投票代理人，投票代理人有权在联合创始人去世后九个月内或在其残疾期间，行使已故或残疾联合创始人的 B 类普通股和 C 类普通股的所有投票权，但是发生以下情形时，这种代理行为将会终止：（1）斯皮格尔和墨菲去世九个月以后；（2）Snap 公司业务清算、解散或结束经营活动；（3）Snap 公司为债权人的利益执行一般转让或者指定接管人或受托人拥有其财产和资产时；（4）斯皮格尔和墨菲通过双方的书面同意终止代理协议。[28]

---

[27]　See "Snap Inc., Amendment No.2 to Form S-I Registration Statement", SEC, last modified February 16, 2017, https://www.sec.gov/Archives/edgar/data/1564408/000119312517045870/d270216ds1a.htm＃toc.

[28]　See "Snap Registration Statement", SEC, last modified February 14, 2017, https://www. sec. gov/Archives/edgar/data/1564408/000000000017005379/filename1.pdf.

Snap 公司对 B 类股和 C 类股规定了严格的转让条件。当 B 类股的持有人转让股份或者死亡后,B 类股将自动转化为 A 类股。当 C 类股持有人对外转让其股份时,C 类股将自动转化为 B 类股;当创始人死亡九个月以后,其代理人持有的 C 类股将转化为 B 类股,但创始人与 Snap 公司的雇佣关系或服务终止不会导致该创始人持有的 C 类普通股转换为其他类型的股票。一旦股份类型发生转换,将不再发行新的 B 类股以及 C 类股。这种表决权结构使 Snap 公司的创始人能够永久控制该公司。㉙此外,只有发行无投票权股票,Snap 公司才能获得联邦证券法规定的某些信息披露义务的豁免权。㉚

根据其招股说明书的介绍,Snap 公司主要持股情况如下:

序号	股东名称	持股比例	总表决权比例
1	Evan Spiegel	A 类股 14.5%;B 类股 2.1%;C 类股 50%	44.4%
2	Robert Murphy	A 类股 14.5%;B 类股 2.1%;C 类股 50%	44.4%
3	Benchmark Capital Partners VII, L.P.	A 类股 8.2%;B 类股 23.1%;C 类股 0	2.7%
4	Lightspeed Venture Partners IX, L.P.	A 类股 5.8%;B 类股 15.6%;C 类股 0	1.8%

(三)非差异化表决权结构的"湖畔合伙人"制度

2013 年,阿里巴巴集团(Alibaba Group Holding Limited)有意赴港上市,但因其特殊的股权结构安排被香港证券交易所拒

㉙ See "Snap Inc., Amendment No.2 to Form S-I Registration Statement", SEC, last modified February 16, 2017, https://www.sec.gov/Archives/edgar/data/1564408/000119312517045870/d270216ds1a.htm♯toc.

㉚ See "Snap Registration Statement", SEC, last modified February 14, 2017, https://www.sec.gov/Archives/edgar/data/1564408/000000000017005379/filename1.pdf.[解释了公司及其股东不受《证券交易法》第 13(d)、13(g)、14 和 16 条规定的报告要求的约束。]

绝,继而远走美国上市。这一事件引起学术界对差异化表决权结构的广泛讨论。随后,各个"金融中心"对"一股一票"股权架构的坚守态度均有所松动,如新加坡和中国香港地区已经积极进行改革,以适应上市公司对特殊表决权结构的需求。根据2014年阿里巴巴集团向纽约证券交易所提供的招股说明书的介绍,[31]自1999年阿里巴巴创立以来,公司就建立了"湖畔合伙人"模式,并于2010年正式将这一模式制度化。阿里巴巴"湖畔合伙人"制度(以下简称合伙人制度)的构建,主要是通过公司章程对"合伙人"这一团体赋予多数董事席位的提名权,以实现"合伙人"对董事会成员选任的控制,最终达到掌握公司控制权的目的。"合伙人制度"创立的初衷是为了更好地管理公司事务,避免高级管理人员的等级制度和官僚主义。"合伙人"这一团体主要是在阿里巴巴集团、关联公司及其分支机构的管理层人员中寻找适合的组员。

想要成为阿里巴巴合伙人中的一员,至少需要满足以下几个条件:(1)具有较高的道德品质;(2)为阿里巴巴集团或者与其关联的其他公司,连续工作五年以上;(3)应当对公司作出了杰出的贡献;(4)对阿里巴巴集团的文化具有高度的认同感。此外,为了使"合伙人"的利益与股东的利益保持一致,每一位"合伙人"都要持有一定比例的公司股票份额,但对最低持股比例没作要求,仅对担任合伙人期间股份减持作出了规定,具体而言,成为合伙人之日起,三年之内应当确保其所持有的股票份额,不得低于最初加入合

---

[31] See "Alibaba Group Holding Limited, Form F-1 Registration Statement", SEC, last modified May 6, 2014, https://content.edgar-online.com/ExternalLink/ EDGAR/0001193125-14-184994.html?hash=58ca628b67148af440489589be765b5 7169f1bd311086f73325236acf5b56c92&dest=D709111DF1_HTM.

伙人之时所持有的股票份额的 60%。三年之后,如果还继续担任合伙人,那么其持股比例不得低于 40%。

合伙人制度主要通过以下方式选任新的"合伙人":首先,由现任的合伙人成员向合伙人委员会提交候选人名单,并由合伙人委员会决定,是否将被提名的候选人交由整个合伙人团队进行投票选举。其中,合伙人委员会由五名合伙人成员组成,其任期为三年,通常可连选连任。接下来,合伙人委员会确定候选人名单,现有的合伙人成员以一人一票为基础,对候选人进行投票表决,只有获得 75% 以上现有合伙人的同意,候选人才能通过选举,成为新的合伙人成员。

值得注意的是,阿里巴巴集团的公司章程仅仅赋予了合伙人团队提名董事人选的权利。被合伙人团队提名的董事候选人,仍然必须通过股东大会的选举和批准,才能成为正式的董事。由于合伙人团队在公司中持有的股票份额之和并不高,为了使其推选的董事人选能够顺利通过股东大会的决议,合伙人团队还会通过与其他股东签订协议控制的方式,促使持股份额较大的股东在董事选任时,支持其所提名的候选人。例如,由于合伙人团队和软银(Softbank)以及雅虎(Yahoo)之间签订了协议控制,通常情况下软银和雅虎会在股东大会上支持合伙人所推选的董事人选,相应地,合伙人也会支持软银和雅虎的某些议案。如果股东大会没能通过合伙人提名的董事人选,或者董事由于某些原因在任期离开了董事会,那么合伙人团队有权任命某人作为临时董事,来填补这一空缺,直到下一年度召开股东大会时,再重新选举新的董事。在公司章程中,还对合伙人团队的董事提名权进行了一定的限制,即阿里巴巴合伙人不得通过转让、以其他方式委派或者向第三方提供代理权的方式行使董事提名权,以防止股东提名权的滥用。

从阿里巴巴集团的上市招股说明书可以看出,阿里巴巴合伙人制度打破了传统公司内部治理的架构和理念,即在股东(大)会、董事会、监事会的治理架构之中,嵌入了"合伙人制度",这并非典型的差异化表决权结构,其在法律上的合理性以及合法性受到诸多学者诟病。

阿里巴巴集团的合伙人制度将公司的控制权由投资者移向了创始人及其团队,使得股东持股比例不再是衡量公司控制权大小的判断依据,进一步降低了公司控制权对股权的依赖程度。对于这种公司治理模式,有学者认为,合伙人制度属于差异化表决权结构的一种形式。㉜但也有学者认为,合伙人制度不同于差异化表决权结构,这是一种新的公司创始人维持控制权的方式。㉝

笔者认为,阿里巴巴集团的合伙人制度与典型的差异化表决权结构存在一定差异。首先,两者的股权结构不同。在差异化表决权结构中,公司的股票被分成高权重表决权股和低权重表决权股等不同类型的股份。享有高权重表决权的股份通常掌握在公司创始人手中,这意味着创始人凭借少量持股便可拥有更多的表决权进而掌握对公司的控制权。㉞这种股权架构对"一股一票"传统的股权架构模式造成了冲击,形成了"一股多票""一股一票"甚至还可能有无表决权股等股票形式并存的股权结构。而阿里巴巴集

㉜　参见蒋学跃:《公司双重股权结构问题研究》,载《证券法苑》2014 年第 4 期;刘道远:《效率与公平:公司法制度设计的价值选择》,载《中国工商管理研究》2013 年第 12 期。

㉝　参见同前注①,马一文;王晓菡:《论股东表决权的扩张》,载《贵州大学学报》2018 年第 3 期;王妍:《公司制度研究:以制度发生学为视角》,载《政法论坛》2016 年第 2 期;郑志刚:《中国公司治理现实困境解读:一个逻辑分析框架》,载《证券市场导报》2018 年第 1 期。

㉞　邓峰:《普通公司法》,中国人民大学出版社 2009 年版,第 364—365 页。

团的合伙人制度仍然采取单层股权结构,不存在"一股多票"的情形。"合伙人"仅享有特定事项提案权,其表决权的多少和其持股比例没有直接关系。其次,两者的权利内容不同。在差异化表决权结构中,创始人因持有高权重表决权股份,其决策力更强,足以对股东会决议事项产生实质性影响,运用高权重表决权股不仅能够提名董事,还可以直接投票使其提名的董事当选。但是在合伙人制度中,合伙人团队仅仅拥有董事的提名权,董事的当选最终仍然需要股东会投票通过,方能予以认可,其无法控制股东会投票决议的事项。最后,保持控制权的方式不同。在差异化表决权结构下,创始人通过持有高权重表决权股份的方式对公司实施控制,其持股份额与投票权之间仍然呈正相关关系,高权重表决权股份的转让受到严格的限制,一旦持有人将其所持有的高权重表决权股份在二级市场上出售,股票中含有的高权重表决权将丧失,这将直接影响持有高权重表决权股的股东对公司的控制力。而在合伙人制度下,公司控制权的取得和维持,与持有的股票份额并无直接关系,股权结构的变化以及合伙人的交替对公司控制权结构并无太大影响。当合伙人退出时,便丧失了合伙人享有的权利,且这些权利无法继承。由于阿里巴巴合伙人制度并非本书的研究对象,故不再赘述。

但是,无论是差异化表决权结构,还是阿里巴巴集团的合伙人制度,其目的都是实现企业家们通过最少资本投入获得最大公司控制权的期望,打破了以资本多数决来控制董事选举的模式。剥夺部分原本属于股东的控制权,并将这一权力让渡给资本投入较少的创始人或者其团队。两者都对传统公司法中"一股一票"原则造成了冲击,被一些学者视为是对股权平等的侵犯。

第二节　差异化表决权结构的现实需求

一、"一股一票"表决权结构的法理基础及其局限性

（一）"一股一票"表决权结构的法理基础

"一股一票"的一元化股权关系的假设性前提是股东的同质性（homogeneous）。在传统代理理论中，股东作为个体的同质性假设包含三个方面：第一个方面将所有股东视为无差别的资本载体，其在资本层面的功能具有同质性，他们为公司提供资本并以资本为对价行使股东权；第二个方面是认为所有股东均具有相同的能力，他们具有完全的理性，能够同等地获得信息并作出理性判断，有同等的动力积极行使权利等；第三个方面则表现为股东目标的同质性，所有股东对追求利益最大化有着共同的理解。股东作为群体的同质性表现为两个方面：一方面表现为股东与股东之间利益的同质性；另一方面则表现为股东与公司利益的同质性。[35]因此，在股东同质性的假设前提之下，分散的股东个体能够通过股东大会决议的方式整合各自的利益，并且股东大会作出的决议等同于公司的利益。

"一股一票"表决权结构被伊斯特布鲁克和费希尔视为投票功能的逻辑性结果，其目的在于确定投票者的偏好，为股东提供一种方法，使其偏好沿着特定决策的轴线排序，[36]股东通过股票上附有的表决权行使对公司的控制权。"一股一票"原则以资本民主为基础，股东持股比例的多少代表着股东享有权利的大小，相应地影响

---

[35]　参见汪青松、赵万一：《股份公司内部权力配置的结构性变革——以股东"同质化"假定到"异质化"现实的演进为视角》，载《现代法学》2011 年第 3 期。

[36]　See Grant M. Hayden & Matthew T. Bodie, One Share, One Vote and the False Promise of Shareholder Homogeneity，Cardozo Law Review 30，445—473(2008).

其对公司控制力的强弱。通常各国公司法将"一股一票"视为默认规则,其基本特征表现为,每个股东均是依照其所持有的股票份额,按照每一股份享有一个表决权的原则,计算其享有的表决权。[37]原则上,每个股东所持有的股份都将受到平等的对待,这就是我们通常所称的"股东平等原则",事实上,或许称之为"股份平等原则"更为恰当。这一原则要求,每一股所包含的权利内容相同,并应当受到同等对待。

传统股份公司的内部权力配置,被代理理论打下了深深的烙印。股份平等的理念以及资本多数决原则等均是围绕着股东至上的主题展开,这也成为了股东享有表决权的主要理论驱动,同时也是信义义务的理论驱动。股东至上本质上是指公司为股东利益服务,具体而言,该理论要求公司以股东财富最大化为目标。[38]伊斯特布鲁克和费希尔曾指出,股东财富最大化将产生剩余价值最大化,从而实现整体社会效用最大化。那些以公司经营状况为基础而获得浮动收益的股东,作为公司最后风险的承担者相应地享有剩余索取权。而那些在边际上不承担风险的其他公司参与人,如公司的债权人、雇员、客户以及供应商等,在这些人目的获得满足(获得固定收益)之前,不需要对股东支付回报。只有在其他参与人与公司的合同完成之后,股东才能得到付款。[39]因此,对于大多数公司而言,可以期待股东们会尽力谋求公司的长远利益,使其手中持有的股份不断升值,与公司兴衰荣辱与共,在这种激励下,股东相比其他人更可能会认真地对待投票权。

传统公司法以维护股东利益或公司利益为目标,公司法的制

---

[37] 同前注⑧,神田秀树书,第65页。

[38] 同前注㊱,Grant M. Hayden 等文。

[39] 同前注④,Frank H. Easterbrook 等书,第35—39页。

度架构更是着眼于对股东利益的维护,在公司治理的权力分配上,赋予了股东大会最高权力机关的地位,并可以约束董事以及高级管理人员避免其损害公司所有人的利益。[40]正是基于这样的考虑,股东大会作出重要决议时,传统公司法会采用"一股一票"原则,并且默认股票之上所附着的各项股东权利不得分离。[41]禁止股东权利分离可以从两个方面进行理解:第一,行使股权的前提是拥有股东身份,股东权利应当依照其持股比例分配,遵守等比例原则(proportionality principle);第二,不得分离每一股票中所包含的经济性权利和参与性权利,并且经济性权利与参与性权利应当匹配。这意味着,表决权的权重应当与其剩余利益(residual interests)的份额相等,否则二者之间失衡会导致不必要的代理成本增加。具体而言,当股东享有的表决权与其持有的剩余索取权不成比例时,行使高权重表决权的股东将无法获得与其表决权比例相等的资本收益;反之,他们也无须承担与表决权比例相等的资本损失。在这样的情况下,享有高权重表决权的股东面对收益不足和风险防范机制匮乏时,将难以作出理想的决策。因此,各国公司法理论也普遍禁止表决权的买卖,以防止附着于股票上的收益权和表决权分离所导致的投入与回报的失衡。

(二)"一股一票"表决权结构的局限性

尽管股份公司通常保有"一股一票"的形式特征,但是上市公司仍然会采用多种制度设计,如交叉持股模式、金字塔式持股模式、投票权委托以及投票权信托模式等集中投票权,背离"一股一票"的基本原则,使附着于股票之上的表决权和经济性权利相分离,形成"空洞"投票。通常这些投票安排并不会被披露出来,但是

---

[40] 同前注[33],王妍文。
[41] 同前注[21],汪青松文。

这种安排实质上削弱了部分股东行使表决权的基础,也就是说,即使这部分股东是为了使公司价值最大化而积极发声,最后也可能因为其他股东消极的投票态度导致无疾而终。这种情况表明,"一股一票"的基础性规则并不是完美的表决机制。"一股一票"结构无力的根本原因在于股东同质性的前提假定。股东同质性的概念假设所有股东的处境相似,拥有相似的利益。然而,受到各种各样因素的影响,股东彼此的利益可能会大不相同,"一股一票"的表决权结构存在以下缺陷。

1. "一股一票"的股权模式难以满足股东利益多元化的配置,有悖于公司自治的基本理念。股东作为一类公司参与者,有着集体偏好。但是股东同质性的假设忽略了股东个体的利益偏好、理性判断能力以及行使权力的态度等,将所有股东简单地视为无差别的资本载体。股东与股东之间在多个维度上存在分歧,并直接表现为股东之间的利益冲突。即使是在股东投资公司的目的在于使其财富最大化这一共识性的假定前提下,如果对其引入不确定性(例如股东对使其财富最大化的方式有不同理解,或者股东对公司有待决策事项的见解有所不同),那么就能发现股东之间的需求并不完全相同。不同股东的目的、参与公司治理的能力以及风险承担的偏好各不相同,股东之间的异质性将直接影响其对表决权行使的态度。[42]在许多公司法体系中,股东都是本着契约自由的精神安排公司内部事务,股东通常有能力决定自己的权利以及表决权的分配,无须过多的法律干涉。[43]公司法对"一股一票"的强制性

---

[42] 参见冯果:《股东异质化视角下的双层股权结构》,载《政法论坛》2016年第4期。

[43] 参见[法]韦罗妮克·马尼耶主编:《金融危机背景下的上市公司治理——旨在更好地保护公司利益》,姜影译,法律出版社2014年版,第149页。

安排是对公司内部关系的过度干预,致使公司的自治空间受限。实际上,没有人能比投资者和商人更加了解自己的投资偏好和投资目的,因此公司具体采用什么样的股权结构,应当属于他们之间共同协商的结果。公司法作为私法,不仅应当保持自身的开放性品格,还应当尊重私主体之间达成的契约。即使出于某些原因,公司不能自由设置股权架构,也应当为公司提供可以选择的其他方案。法律应当允许各方根据自身的经营环境调整公司制度来满足私人需求。投票的意义是由被投票的内容、采取行动所需的投票比例以及其他投票者在选举中的偏好和利益来定义的。虽然公司的体制通常是由股东对董事会中每个职位的多数投票构建的,但有许多方法可以重构体制以衡量偏好。[44]

2."一股一票"的股权配置增强了股东之间的实质不平等。"一股一票"的股权结构安排在资本多数决的规则之下,仅能够实现股东的收益权平等,却无法在现实层面上,实现股东参与性权利的真正平等,甚至会出现不同利益需求的股东之间形式平等与实质平等的背离。中小股东的弱势地位始终存在,不掌握资本控制的创业者的企业愿景无实现的途径,扼杀了对股东平等应有的人文关怀,少数股东的声音被多数资本所淹没。"资本多数决"原则在实际运用中的异化,导致了大股东与小股东之间的实质不平等,甚至使资本多数决沦为了大股东谋取私利的手段。股东地位强弱的分野,首先表现为股东之间资本实力的不对等。随着公司基础资本的日益扩大,小股东也将愈加远离公司控制权,这使得小股东在公司治理中的弱势地位雪上加霜。其次表现为股东之间的信息获取并不总是对等。难以掌握公司相关信息的股东,其参与公司

---

[44] 同前注[36],Grant M. Hayden 等文。

治理的能力将被大大减弱，为其共益权的行使增加了阻碍。最后表现为股东之间向公司转嫁风险的能力不同。当小股东面对控制股东的盘剥时，通常其维权难度大，对其保护更多的是事后救济而非事前的衡平性权利安排。⑤

3."一股一票"的股权模式可能迫使公司的独立意志屈服于资本意志，导致公司难以实现最优决策。肯尼斯·阿罗（Kenneth Arrow）教授指出决策的机制是以权力为基础，中央机构作出的决定，其拘束力将及于整个组织。这类机制作出的决定总是游走于"共识"与"权力"之间。⑯正是基于这一特质，股东运用表决权通过股东（大）会形成公司意志。面对需要决策的事项，享有表决权的股东有三种选择：第一，他们可以放弃行使其表决权；第二，盲目投票；第三，花费时间和精力收集与表决事项相关的信息作出知情且有效的投票。在股东放弃行使其投票权的情况下，若股东的表决事项涉及最低投票门槛，则可能无法达成有效的公司决议。缺乏投票动力的股东在被迫投票的情况下，由于其面临集体行动问题（collective action problem），我们可以合理地怀疑，他们将作出第二种选择。虽然散户股东不经常投票，但同样缺乏投票动力的基金公司（如指数基金）等却会这样做，其原因在于基金公司负有的信义义务要求它们积极行使表决权。当缺乏投票动力的股东拥有大部分的表决权并选择行使表决权时，会增加他们将公司推向错误发展方向的风险。这种盲目投票并不会对公司财富的增长有所助益。这意味着，"一股一票"表决权安排下，投票权很难在股东之

---

⑤　参见汪青松：《一元股东权利配置的内在缺陷与变革思路》，载《暨南学报（哲学社会科学版）》2016年第8期。
⑯　同前注⑨，罗伯塔·罗曼诺书，第377—382页。

间得到最优分配。[47]最终依据资本多数决原则所形成的决议,将会弱化公司的独立意志。股东在资本层面的同质性假定使股东平等在股份公司中被简化为资本的平等,导致公司意志屈服于资本意志,并最终会沦为控制股东的意志。[48]

4."一股一票"的股权模式会增加公司决策的交易成本。对公司而言,组织股东(大)会并形成有效决议的过程复杂且成本高昂,公司必须承担与管理表决权行使相关的各项成本,包括准备和邮寄与投票相关的材料以及计票等。[49]对股东而言,由于公司信息披露的文件繁杂且冗长,梳理知情决策所需的信息成本较高,且上市公司中大部分股东的持股比例较低,对投票的结果无法产生决定性的影响,因此他们作出知情表决的预期收益很低,这导致上市公司中的大部分小股东对公司表决事项保持一种理性冷漠的态度。这类股东不愿意投入过多的时间、精力以及资源去积极履行他们的表决权。散户股东和指数基金是典型的理性冷漠的股东,他们通常缺乏行使表决权的动力,因为这样做的成本要远超于他们能够从中获得的好处。[50]尽管有许多缺乏投票动力的股东宁可完全不参与公司的治理,但是在"一股一票"结构下,所有股东依照其持股份额享有表决权,公司却必须为所有股东负担这些成本。尤其是当公司必须进行大规模的投票时,这种交易成本会更高。即使是缺乏投票动力的股东依旧会产生与表决事项相关的交易成本。

----

[47] See Dorothy S. Lund, Nonvoting Shares and Efficient Corporate Governance, Stanford Law Review 71, 696—697(2019).

[48] 同前注[35],汪青松等文。

[49] See Marcel Kahan & Edward Rock, The Hanging Chads of Corporate Voting, The Georgetown Law Journal 96, 1247—1270(2008).

[50] See Stephen M. Bainbridge, The Case for Limited Shareholder Voting Rights, UCLA Law Review 53, 613—614(2006).

一方面，一些理性冷漠的散户投资者在遭受管理层或其他投资者游说时仍然可能被迫投票，因此他们需要花费时间和金钱来评估提案并投票。另一方面，缺乏投票动力的股东淡化了知情股东[51]的声音，代理成本会随之增加，因为知情投票者想要获得有效决策结果的成本会增加，其难度也会更大。由此可以看出，由于这些缺乏投票动力的投资者不了解与表决事项相关的信息（并且这些股东通常缺乏激励去收集与表决事项相关的信息），加之对支持管理层的"偏爱"和其他利益冲突，因此其投票不太可能增进公司的福祉。例如，宝洁公司（Procter & Gamble）为了克服缺乏投票动力股东的理性冷漠，因投票代理权争夺（proxy contests）付出了高昂代价，为此损失了一亿美元，其成本由全体股东承担，即使作为竞争对手的股东也不例外。[52]因此"一股一票"原则难以应对因股东的理性冷漠而产生的决策成本增加的问题。当这种情况发生时，缺乏投票动力的股东会对公司治理造成无谓的损失。

总之，当一家公司只有一元化的股权结构时，那些高度重视自己投票的知情股东与那些投票积极性较弱的股东享有同样的表决权。在这种情况下，缺乏动力的股东会通过以下方式给公司治理造成无谓损失：首先，当股东的投票积极性较弱时，知情股东的声音会被稀释，代理成本就会增加，因为知情股东投票管理的成本和难度更大。其次，当公司管理大批量股东投票时，会产生更高的交易成本。投票动力薄弱的股东也会产生与投票相关的交易成本。最后，当投票动机薄弱的股东拥有很大一部分投票权并选择行使

[51] 即了解公司运营状况并积极参与投票的股东。

[52] See "Shareholder Activism Knows No Bounds", The Hedge Fund Journal, last modified November 17, 2017, https://thehedgefundjournal.com/shareholder-activism-knows-no-bounds/.

时,会增加将公司推向错误方向的风险。

二、差异化表决权结构产生的动因:商业需求与交易所竞争

(一)差异化表决权结构诞生于商业实践

差异化表决权结构的产生,源自商业实践中商人之间对各种因素的考量、权衡以及博弈得出的结论。㊳对于这种制度创新是"如何发生的?"的回答,可以从公司制度的发展历史中寻找答案。"公司制度是一种自生自发地扩展的秩序,其生成和演进体现为人类对经济生活需要的适应性反映,是公司自治——人类行动的结果,而非理性设计的产物;是一种进化的成就,而非正当理性的逻辑展开。"㊴制度创新产生于行为主体自发的营利性行为,而非人为设计出来的,其动力来自人类对理性的追求,以及人类自利的本性。当人们对现有制度感到不满意或者不满足时,就会希望对现有制度作出调整,此时现有制度处于一种不均衡的状态,为了再次达到制度均衡的状态就需要对制度进行创新。㊵

显然,在公司运营过程中,狡黠的商人认为"一股一票"的表决权安排对公司的控制成本要远高于差异化表决权结构下对公司的控制成本,通过差异化表决权结构将公司的控制权牢牢掌握在非资本控制人——公司创始人的手中,以实现对"公司长远利益的考量""优化公司资本结构"以及"防止敌意收购"等目的。创新是一种自发的秩序,它并未依照现有法律给出的既有路径,也不是国家或政府授意安排的,它是商人的自发行为。差异化表决权结构的创新是为了实现创始人控制公司发展的目的,以低于现行制度的成本实现个体的利益。因此,任何一个倡导自由市场的国家都会

㊳　同前注㊳,王妍文。

㊴　参见蔡立东:《公司制度生长的历史逻辑》,载《当代法学》2004年第6期。

㊵　参见张曙光:《论制度均衡和制度变革》,载《经济研究》1992年第6期。

意识到:"每一个人,在他不违反正义的法律时,都应该听其完全自由,让他采用自己的方法,去追求自己的利益。以其劳动及资本和任何他人或其他阶级相竞争。"⑤⑥商人的逐利天性,让他们愿意选择更具有效率的制度安排,并且制度的演化通常表现为由个体性向群体性蔓延的特征,新的制度被广泛模仿之后,最终将形成一种发展态势。

公司法制度发展的真正动力来自商业实践,来自商人为了追逐利益而作出的商业创新,正如廖凡所说的:"学者回顾过去,律师关注当下,而商人,他们已经在筹划未来了。"⑤⑦这种创新性制度的发展在合法性方面,往往需要获得法律的支持,需要法律的引导使其与经济发展的大环境相适应,只有在法律的监管范围内,才能使这些创新制度成为推动经济前进的助推器。中国证券投资基金业协会会长洪磊曾经表示,"一国股权融资越发达,越能促进技术变革和创新发展"。美国公司法对制度创新的包容态度使其接受了差异化表决权制度。美国所有州几乎都将"一股一票"作为默认规则,但是允许公司对这一原则作出例外规定。⑤⑧美国的实用主义精神使其法律和司法实践对商业创新作出了积极回应,并且逐渐完善与差异化表决权制度相配套的法律和司法程序,将商业实践的创新纳入规制范围之内,实现法律对商业创新的引导作用。而中国公司法制度大多是一种自上而下的产物,商业创新的环境不够宽松,但随着中国特色社会主义市场经济的不断深化,"人为设计的制度"不断被弱化、消解,而市场运行过程中内生的秩序将不断

---

⑤⑥ 参见[英]亚当·斯密:《国民财富的性质和原因的研究》,郭大力、王亚南译,商务印书馆1994年版,第252页。

⑤⑦ 参见廖凡:《美国非公司型有限责任企业初探》,载《法学》2003年第9期。

⑤⑧ 同前注㉞,邓峰书,第364页。

生长，对这些自发形成的创新制度需要法律制度的呵护引导其向有利于中国本土经济发展的方向成长。

（二）对差异化表决权结构的接受是交易所竞争的结果

随着许多具有高成长性能的采用差异化表决权结构的科技创新型公司远赴美国证券交易所上市，面对竞争压力，世界各地越来越多的交易所开始接纳差异化表决权结构。早在2008年，东京证券交易所（TSE）就修订了上市规则开始接纳差异化表决权结构。但最引人注目的是，2018年4月24日中国香港证券交易所发布首次公开发行（IPO）新规则，并宣布将取消长期以来对差异化表决权结构的禁令，以吸引阿里巴巴集团在香港证券交易所进行二次发行。2018年6月28日，新加坡证券交易所紧随其后表示，接纳差异化表决权结构的公司上市。截至2022年，其他国家的交易所，包括英国的交易所，也在考虑改革，放宽或取消对差异化表决权结构公司的限制。差异化表决权结构已经在全球市场监管机构中引发了一场自下而上的竞争。面对科技创新型企业的融资需求，中国内地也加入了这一行列。2019年6月13日，上海证券交易所科创板正式开板，次年8月24日，深圳证券交易所的创业板改版，允许采用差异化表决权结构的科技创新型公司在中国内地的证券市场上发行上市。这意味中国已经在实践层面上接纳了差异化表决权结构公司上市。

尽管差异化表决权制度并非完美的制度，但是国际上众多证券交易所开始接受上市公司采用差异化表决权结构，其背后的原因并非完全出于对制度本身利弊的考量，而是监管竞争的结果。面对国际竞争压力，证券交易所为了吸引有实力的上市公司在自己的交易所上市，而放宽了对差异化表决权结构的监管规则。

三、差异化表决权结构与股东异质性需求

（一）股东异质性的演进及其表现

股东从同质性向异质性的转变是公司这一组织形式发展演进的大趋势。传统公司法理论在分析公司的本质时，过分强调股份公司资合性而忽略了股份公司也是人的集合这一性质。[59]一方面，股东与公司的利益未必总是一致的。费希尔教授指出，"公司的价值与股东的价值并不是同一概念"。[60]另一方面，股东与股东之间的利益也并不完全相同，既会交错，也会产生对立。由于股东在信息成本、投资视域或者税务上的地位差异，即使是在公司利润最大化的共同目标之下，股东异质性的现实也不容忽视。股东同质性假定下的股东平等原则，也无法掩盖小股东与大股东之间实然上的不平等。伯利教授曾依照投资者的投资目的将投资者分为两种类型：一种是期望从投资中获取固定比例的收益以及最终回报的投资者；另一种则是期望依照投资风险获取收益而非安全固定回报的投资者。[61]随着资本市场的日益繁荣，投资者的不同需求也日渐突显，即使是机构投资者也表现出了不同的投资偏好。尤其是以指数基金为代表的被动型基金（passive funds）[62]的出现，使资本

---

[59]　同前注[35]，汪青松等文。

[60]　See Jill E. Fisch, Measuring Efficiency in Corporate Law: The Role of Shareholder Primacy, The Journal of Corporation Law 31, 637(2006).

[61]　See Adolph A. Berle, Non-voting Stock and "Bankers" Control, Harvard Law Review 39, 673(1926).

[62]　See "Investment-Less Growth An Empirical Investigation", NBER, last modified January 1, 2017, https://www.nber.org/papers/w22897.被动型基金包括旨在自动跟踪市场指数的指数基金（index funds）和交易所买卖基金（exchange traded funds）。此外，一些积极管理的共同基金也被视为准指数基金（quasi-indexers），这意味着它们持有多样化的资产，投资组合周转率低。换句话说，虽然它们标榜自己是积极管理的，但是它们的投资策略要求与指数的表现相匹配即可，因此它们不太可能重视自己的表决权。

市场发生了重大变化。他们持有大量股份,却缺乏投票动力,因为被动型基金不会从监督管理的成本中获益,任何用于改善基金投资组合公司治理的支出,都将使竞争对手受益。[63]

随着公司规模的扩张以及股东的多元化,在股份公司中股东必然存在利益偏好和不同的流动性需求。股东异质性的现实表现为:第一,股东之间认知的不同。依据肯尼斯·阿罗的多峰偏好理论可以观察到,股东对公司未来发展状况的预测不尽相同,这将进一步影响股东的各种选择,反映出了股东之间的人性差异,表明了股东之间存在潜在冲突的多种利益。第二,股权权能的不断分离。公司实践中大量存在优先股份、表决权信托、投票权代理或者征集等一系列表决权集中的手段,实现了股票的收益权和表决权的分离。差异化表决权或者无投票权的设定并不是唯一分离股权权能的工具。第三,股权与其他财产权的不断融合。现在金融工具的创新,如可转换公司债券等,冲击了传统公司理论对股权与债权的清晰划分,股东异质性的现实催生了股权与其他财产权的相互融合。崇尚实用主义的公司制度面对股东异质性的假设,不断发展出新的融资模式和新的股份类别。[64]

(二)差异化表决权结构满足了股东异质性需求

通常情况下,不同的群体会有不同的选择偏好,而在某一群体内部虽然各个参与方的选择偏好未必完全相同,但其目标偏好却趋于类似。当股东作为一个群体时,相对于其他的参与各方而言,

---

[63] See Jan Fichtner, Eelke M. Heemskerk and Javier Garcia-Bernardo, Hidden Power of the Big Three? Passive Index Funds, Re-Concentration of Corporate Ownership, and New Financial Risk, Business and Politics 19, 298 (2017).

[64] 参见汪青松:《股份公司股东异质化法律问题研究》,光明日报出版社 2011 年版,第 111—120 页。

是合理的同质性群体,但是进一步细化股东群体内部的选择偏好,我们则可以发现其选择偏好的差异。依据不完全契约的理论模型,在股东同质性假设的前提之下,表决权遵循"一股一票"的架构安排。但是,随着资本市场日益成熟,越来越多的投资者通过证券市场上的交易愈加频繁地进入或者退出公司。对于这些外部投资者而言,他们并不会过多地关注公司的经营管理,也没有足够的能力参与其中,在这种情况下,公司的控制权和所有权分离不断地向纵深发展。

近年来,随着股东行动主义的兴起,机构投资者开始愈发主动地参与到公司的治理之中。上市公司之中的股东构成也越加复杂,在这样的背景之下,股东的异质性需求愈加显著。由于股东之间存在财力、见解以及知识储备等方面的巨大差异,因此他们对公司治理的价值有着不同的理解和取舍,对自己手中的表决权也并非全然在乎。例如,一方面外部股东可能仅希望通过"搭便车"的方式赚取买卖股票的差价;而另一方面,可能将公司视为自己"子女"的创始人则会更加关注公司长远健康的发展。加之,表决权的行使是需要付出成本的,因此在"一股一票"的默认股权结构下,公司的各个参与方对投票总是报以节制的态度,除非管理者表现太差,否则股东只是通过投票选任管理者并为其设置基础性的规则之后便将自己的表决权搁置,尤其是在那些参与股东众多的情况下。从契约理论的角度看,在面对投票所产生的集体行动问题时,股东的投票表决几乎不起作用,因为没有人会期望自己手中的投票能够对决议的"终局"起决定性作用,无论他们是否参与表决,结果并无二致。因此一些股东缺乏搜集与行使表决权相关信息的动力,导致在投票表决时难以投出"正确的一票"。尽管对于持有较多份额的股东而言,如投资公司或者内部人等,他们与散户股东所面临的集体行动问题的程度不同,但是他们都无法拥有完全的投票激励,除非他们享有100%权益份额。⑥⑤在集体行动问题中,面对巨大的信息成本,缺乏投票动力的投资者将其表决权授予作为公司管理者的创始人,他们在作出商业决策时更富有经验与远见。从这一角度看,差异化表决权结构也可以视为投资者将表决权授予了他们所信任的创始人团队。这种制度软化了一元化的僵硬股权结构,对股东的异质性的现实予以了回应。

四、差异化表决权结构与适应性效率理论

近年来差异化表决权结构作为中国公司法股权变革方向,引发诸多关注。公司股权架构的变革是一个历久弥新的问题。已经有诸多学者对差异化表决权结构的演变历史进行了梳理。不同股权架构的安排被视为公司内部控制权配置的主要手段。差异化表决权结构作为一种股权安排模式,属于类别股的一种。从现有的研究来看,中国学者侧重于研究差异化表决权结构的法理基础、市场需求等方面,并对差异化表决权结构的制度构建纷纷建言献策。此前,虽然有学者对差异化表决权结构在中国构建的必要性争论不止,但是随着中国科创板的开板以及创业板上市规则的修改,差异化表决权结构与公司法的适应性协调的构建已是势在必行。

差异化表决权结构突破了中国现行公司法对上市公司“一股一票”股权的架构安排,股东之间的表决权不再按照股份比例平均分配,并进一步促成了股东权利的分离,挑战了股东平等原则。作为对这一争议的回应,中国有学者利用股东异质性、股东权利分离等理论,来重新构建差异化表决权结构的合法性与合理性基础。在股东异质性的现实下,“一股一票”原则已经不能满足不同投资

---

⑥⑤　同前注③,弗兰克·伊斯特布鲁克等书,第65—69页。

者对表决权和收益权的特殊需求,股东的利益、目的以及能力千差万别,差异化表决权结构的引入能够有效软化僵硬的股权结构,满足不同投资者的需求。而且,在公司法之中,"公平"的含义正在从以资本平等为基础的股份平等向股东平等演进,股东权利的分离能够满足股东异质化的偏好。差异化表决权结构作为普通股东将表决权让与创始人的明示契约,实现了股东的有效代理,促进了投资者和创始人共同合作以及收益权平等,已经体现了公平,无需强求决策权平等。差异化表决权结构体现了商法的效率原则和价值观,能够回应高科技创业企业的不确定性、信息不对称性等特征。"适应性效率理论"为公司适用差异化表决权结构的合理性分析提供了新思路。适应性效率理论相较于传统的代理成本理论,能够更好地解释高成长性公司尝试冒险的需求,进一步促成资本与创新的衔接,容纳企业发展中的潜在风险。

（一）适应性效率理论的内涵

诺斯经过对经济长期增长问题的研究之后,提出了"适应性效率"这一理念,以体现时间历程之中与经济变化相适应的制度变更的效率,并期望在这一概念之下创新制度变迁的分析框架。"适应性效率"是一个动态的效率,它反映的是市场结构对新的经济形势的持续性的适应能力。"适应性效率"对新制度经济学产生了重要的影响,但目前中国学者尚未对这一理论进行进一步探讨。王玉海对"适应性效率"理论的演进逻辑进行了梳理,指出诺斯的"适应性效率"理论的核心在于促进经济增长,而制度变迁恰恰是经济增长的关键。"适应性效率"理论的逻辑在于,一国的经济发展有赖于高效的经济组织,而经济组织的效率又取决于对产权的清晰界定,以及社会对产权的充分尊重。然而,整个社会对产权的尊重来源于两个方面:一方面来源于对约定俗成的"非正式性"制度的遵守,另一方面则来源于具有国家权威的"正式性"规则的约束,并强调国家应当对"适应性效率"的规则标准负责。"适应性效率"理论中,效率是指充分使用社会资源以满足人们的需求。用经济的方法分析法学,将效率作为研究解决法律问题的核心。产生经济活动的法律,能够改变资源配置的结果和效能,在这种情况下,应当特别关注经济效益,并将效益原则贯穿于立法、司法以及执法过程之中。罗纳德·H.科斯(Ronald H. Coase)认为,法律制度的基本取向就在于效益。波斯纳(Posner)也指出,法本身的规范、程序和制度都注重于对经济促进的效益,[66]并将效益视为"正义"的第二层内涵。[67]法律的产生和发展与人们的利益需求变化密不可分,现代社会的法律都有其内在的效率追求,这种思想体现了理性人节约自愿的经济逻辑。法律对各项权利、义务以及责任的合理配置,能够有效减少不必要的交易成本,从而实现法律规范所体现和保护的利益价值,使不同的利益主体之间,能够实现均衡稳定。"法经济学的价值观强调法律不仅要符合传统意义上公平和正义的价值取向,而且要符合社会发展的客观现实,顺应经济发展的规律,富有效率,能促进和增加社会福利和公共利益。"[68]博登海默(Bodenheimer)曾指出,某一法律制度的成功,主要是由于这一制度实现了某些极端任意权力和某些极端受限权力之间的力量平衡,但是这种微妙的平衡,却不会永久维持。每一次文明的进步,都会对已有的法律制度的平衡造成冲击,使其失衡。通过将理性

---

[66] See Richard A. Posner, Economic Analysis of Law, Little, Brow and Company, 517(1977).

[67] 参见[美]理查德·A.波斯纳:《法律的经济分析》,蒋兆康译,中国大百科全书出版社1997年版,第31页。

[68] 参见李珂、叶竹梅:《法经济学基础理论研究》,中国政法大学出版社2013年版,第10页。

适用于经验之上,又能够再次找到这种精妙的平衡。正是凭借这种不断打破原有平衡,并再次找到新的平衡点的方式,我们的政治组织和社会才能在不断更迭之中存续下去。⑥适应性是指制度针对经济变迁而进行调整的适应性,是社会变革的动态理论。⑦在公司法视域中,"适应性效率"理论契合了科技创新型公司在创业与发展过程中所面对的各种不确定性,能够积极地回应高成长性能公司对冒险精神的制度需求。在现代市场经济条件下,每个企业包括上市公司都将面对风险以及不确定性的现实。现代具有高成长性能的科技创新型企业尤为典型,创业者在投资时往往仅有一个构想,而一个创意转化为产品以及能为企业带来投资价值,需要经历市场的检验,这是一个不确定的过程,其风险终将由投资者承担。公司在创立过程中以及发展过程中,所面对的各种风险以及不确定性,既为私人利益冲突滋生提供了土壤,又为公司法律制度工具的设计提供了强有力的现实背景。公司法律规范作为私人自治漏洞填补的制度工具的集合,理应对公司经营中有效规避风险以及不确定性的制度予以回应。在公司治理体制中,除了改善监督和约束管理层的有效性以外,还应当提高公司在竞争环境中应对瞬息万变的经营状况并及时作出反应的适应性能力。"适应性效率"既体现为公司应对瞬息万变的商业环境的适应性,也体现为公司法律制度应对各种商业制度创新的适应性,二者之间,相辅相成。⑦

---

⑥ 参见[美]博登海默:《法理学——法哲学及其方法》,邓正来、姬敬武译,华夏出版社 1987 年版,第 142—143 页。

⑦ 参见王玉海:《诺斯"适应性效率"理论评述——兼评"诺斯第二悖论"》,载《政治经济学评论》2005 年第 1 期。

⑦ 参见于莹、潘林:《适应性效率理论与公司法的适应性——以创业投资为样本的研究》,载《吉林大学社会科学学报》2013 年第 6 期。

（二）差异化表决权结构的适应性效率体现

适应性效率理论超越了传统的代理成本理论，其针对创业企业（尤其是科技创新型企业）高风险、高成长性的特征，提出国家制度规则的设计应当适应经济演进的方式，并具备对变化作出迅速回应的适应能力。这一理论弥补了传统代理成本理论忽视鼓励经济创新以及提升公司适应性能力的缺陷。

1. 差异化表决权结构体现了公司的适应性效率

差异化表决权结构体现了公司对融资和公司治理安排中存在的风险以及不确定性的应对。差异化表决权结构对公司融资的适应性体现在能够容纳不同类型的投资者以及不同投资者对参与公司治理的态度。差异化表决权制度通过对表决权安排的调整，最大程度实现了投资者对表决权的利用，资本市场对差异化表决权的接受程度也表明了这种制度对投资者的吸引力。[72]不仅应对了不同投资者的需求，还解决了创业者的融资困境，使创业者能够根据商业情势的变动及时调整公司的治理安排，改变控制权分配格局，将公司的控制力配置给最具恰当激励的公司创始人，这在一元化的"一股一票"表决权安排中是无法实现的。差异化表决权结构容纳了各个投资方的差异性，以及公司（尤其是创新型企业）成长过程中的风险和不确定性。毕竟在现实生活中，创新能力和资金并非总是来自同一主体。具有好创意的创业者通常缺乏资金的支持，融资难是他们所面对的普遍困扰，而资金雄厚的投资方却总在寻找好的创意，以实现其财富的增值。差异化表决权结构允许公司按照不同参与方的需求配置公司成长过程中的风险，从而实现

---

[72]　See "Initial Public Offerings: Dual Class IPOs", University of Florida, last modified December 31, 2018, https://site.warrington.ufl.edu/ritter/files/2019/04/IPOs2018DualClass.pdf.

了公司的适应性效率。

2. 对差异化表决权结构的接纳体现了公司法的适应性效率

法律对差异化表决权结构的确认是对商业实践的尊重,是公司法适应性效率的体现。适应性效率理论解释了公司法的回应性特质。差异化表决权结构的产生是一种自发的商事秩序,商业实践推动了法律制度的变革与改造。公司股权结构的发展变化需要以法律的稳定与包容为根基,否则新制度的运用将处于不确定的状态。新的股权结构的发展建立在对既有制度的评估之上,若法律体系僵硬且缺乏包容性,那么将会阻断适当的商业创新。新的商事法律制度的确立,不应当试图揣测该制度在某一商事交易中的优劣,而应当关注交易决策者的善恶动机。法律规则的恰当态度应当表现为:将商业决策的大权赋予专业人士,同时监督这些专业人士在作出决策时,是否夹杂了为自己谋取私利的不良动机。至于这些专业人士的决策究竟在商业上是好还是坏,那就只能通过市场的竞争进行检验了。在市场的大浪淘沙之下,那些智力低下、态度懒散、判断失准的决策者恐怕早晚都会被淘汰出局。公司治理的原点在于:法律归法律,市场归市场。[73]差异化表决权结构的产生在某种程度上可以视为公司经营者与股东争夺公司控制权的结果。即使禁止差异化表决权制度,也难以阻挡股东通过其他方式来获取这种制度上的优势,如表决权委托、表决权限制协议等形式都能够实现表决权与现金流权的实际分离。因此,与其拒绝差异化表决权结构,不如完善其配套的治理机制,兼顾新兴经济增长的需求与股东权益保护。

法律规则应当进一步细化对差异化表决权结构的规定,使这

㉗ 参见张巍:《资本的规则》,中国法制出版社 2017 年版,第 68 页。

一制度的适用能够具有普遍性以及可预见性,从而形成一套完整的差异化表决权制度。通常情况下,一套运行有效的制度体系应当既能包含创新性,又不会过度纵容权力的滥用,能够妥善平衡好权力和责任,使之一一对应。权力能够赋予公司决策者创新的空间,而责任则可以防范私人利益的攫取。想要合理划分权力的边界,确立责任的基点,就需要理解新制度背后的利害冲突,以实现为公司决策者保留足够自由裁量空间的同时,确保他们不会伤害到其他股东的权益。公司治理制度的创新,需要强大的法治环境来应对商业需求与其背后的利益冲突。法律规范应当减少对公司内部治理结构的强制性规定。给予公司与投资方适当空间约定彼此之间的权利义务,这样有助于妥善分配和处理未来投资进程与公司发展过程中的各种风险。这些结构性安排应当体现在公司章程之中,由此公司章程成为了出资人与接收投资的公司之间构建"私人秩序"的基石。私人秩序的灵活性也使公司治理结构更具多样性。

从差异化表决权结构到阿里巴巴合伙人制度,商业实践中的创新并没有遵循已有的立法既定路径,也不是根据国家或政府的授意和安排,而是产生于一种自发的秩序,是商业实践推动了法律制度的变革与改造。我们应该从制度发生学的角度探究其发生的原因和路径,去探寻公司制度创新的生成机理。差异化表决权结构的制度安排从某种程度上可以认为是公司经营者与股东争夺公司控制权的结果,相关法律需要根据公司实际运作中的需求作出适应性变革。即使禁止同股不同权的股权架构,股东也会为了获取这种制度优势,通过表决权委托、表决权限制协议等形式实现表决权与现金流权的分离。因此,与其拒绝差异化表决权结构不如完善其配套的治理机制,兼顾新兴经济增长的需求与股东权益保护。科技创新型公司偏爱差异化表决权结构，以寻求股份分摊时，减轻对创始人股东控制权的冲击。差异化表决权结构成为了对人力资本依赖性较强的公司保护其创始人权益的重要制度设计。其实差异化表决权结构本身与"金字塔制度"、交叉持股制度等并无道德层面上的好坏之分，仅仅是一种控制权分配的工具，如果控制人使用制度保护自己，则是一种良性制度；倘若控制人利用制度损害他人利益为己谋利，则这种制度将成为"凶器"。工具本无良善，但使用工具之人区分良善。[74]差异化表决权结构作为公司控制权争夺的武器之一，具有不容忽视的现实需求。一方面，差异化表决权结构是市场选择的结果。融资市场对差异化表决的接受使其有了发展的空间。另一方面，监管者竞争促进了现有体制对差异化表决权结构的接纳。差异化表决权结构能在投资者竞争中存活，其价值也在逐渐显现。

第三节　差异化表决权结构的价值分析

在中国经济发展新旧动能不断转化的背景之下，各类新兴产业蓬勃发展，尤其是以科技创新型公司为代表的新经济产业迅速成长，为中国的经济增长注入了新的活力。正是这样的大环境，为差异化表决权结构的成长提供了滋养。对新生股权架构进行法律制度构建，一方面是出于理性的产物，另一方面也是平衡各方利益的结果。差异化表决权结构本身所凝固的制度利益——实现企业家的愿景，使公司更加专注于企业的长远发展，是其生存和发展的核心价值。差异化表决权结构的诞生并非源于人们的凭空想象，而是随着公司发展需求的变化产生并不断演化。在不同的历史条

---

[74]　参见马永斌:《公司治理之道》,清华大学出版社 2013 年版,第 68 页。

件以及人们对利益均衡分配的不同认识之下,差异化表决权结构也经历了从否定到认可的起伏。在当下的现实背景之中,差异表决权结构凭借其不可替代的架构模式,呈现出了其独特的价值内涵。

一、消解企业家融资与其控制权维持之间的矛盾

英国的政府研究报告指出,差异化表决权结构能够在股权融资过程中确保企业家对公司的决策控制力,如果没有差异化表决权结构安排,谷歌(Google)或者脸书(Facebook)等科技创新型公司可能会推迟上市甚至是不上市,而缺乏公众融资的力量势必会对需要大量资金支持的科技研究造成影响。[75]在"一股一票"表决权结构下,这些影响主要表现为:首先,股权融资会削弱企业家对公司的话语权,因此会降低企业家股权融资的意愿。其次,对于处于成长期的科技创新型企业而言,债权融资难以实现,主要原因有二。一方面,依赖于科研的科技创新型公司几乎没有可向银行借贷所需的担保或者质押的资产;另一方面,债权融资的成本要远高于股权融资的成本,对于需要"烧钱"的科技创新型公司而言难以负担。[76]因此差异化表决权结构契合科技创新型公司对股权融资和控制权分配的需求。

现代契约理论认为,在不完全契约条件下,不同资本结构决定了不同的剩余控制权分配模式,二者之间存在密切联系。[77]公司剩余索取权和剩余控制权之间不同配置形成了不同的资本结构安

---

[75]　See Eilis Ferran and Look Chan Ho, Principle of Corporate Financial Law, Oxford University Press, 128(2014).

[76]　参见宋建波、文雯、张海晴:《科技创新型企业的双层股权结构研究——基于京东和阿里巴巴的案例分析》,载《管理案例研究与评论》2016 年第 4 期。

[77]　See Philippe Aghion and Patrick Bolton, An Incomplete Contracts Approach to Financial Contractin, Review of Economic Studies 59, 473—490 (1992).

排。企业家选择何种资本结构属于公司和不同投资者之间的"私"的协商、谈判或者契约等行为,对公司控制权分配的约定弥补了公司契约中没有明确约定事项的漏洞。企业家作为公司管理者时,其与公司的整体利益相一致,将差异化表决权结构中的特别表决权配置给企业家,将更有利于公司的成长发展。企业家通常将公司视为自己毕生的事业,像珍惜自己的孩子一般珍惜公司的发展机会,在公司中推行自己的理念,发挥自己的聪明才智。因此在差异化表决权结构中,企业家在获取私人收益的同时也为公司和其他投资者创造了共享收益。⑱

在现代公司治理结构中,表决权分配对公司控制权安排有着至关重要的影响,表决权的丧失意味着对公司控制力的丧失。对于需要长期发展的公司而言,尤其是科技创新型公司,决定公司成败的不仅仅是资本,还有赖于企业家对公司的控制力,失去企业家控制力的科技创新型公司,其未来将充满不确定性。差异化表决权结构在一定程度上消解了企业家控制权维持与公司融资之间的困境。使企业家及其团队既可以在公开资本市场上募集资金,又不必担心自身或者团队因表决权被稀释而丧失对公司的控制权。⑲对投资者而言,如果认为差异化表决权结构安排有损公司价值,他们可以拒绝购买这种公司的股票,反之则会认购,因此在信息充分披露以及风险充分得到提示的情况下,并不会对投资者购买意愿造成干涉,而且投资者在知悉其风险的情况下仍然继续购买,也表明了差异化表决权结构的效率性。⑳

---

⑱ 参见甘培忠:《公司控制权正当行使的制度经纬》,载《私法》2005 年第 2 期。

⑲ 参见冯向前:《创业板公司引入多重股权架构探讨》,载《证券市场导报》2014 年第 12 期。

⑳ 参见高菲、周林彬:《上市公司双层股权结构:创新与监管》,载《中山大学学报(社会科学版)》2017 年第 3 期。

二、有助于达成公司最优决策

股东(大)会并非一个高效运作的机关。一方面,股东的有限理性会影响其表决权的行使。从行为金融学的角度看,投资者作出的某项决定并非总是出于理性的思考。毕竟,大部分投资者,尤其是散户投资者,对信息可能会作出过度反应或者反应不足,这都将导致公司决策无法达成最优。实际上,外部股东不太可能比公司的创始人更加了解公司的运营状况,因此他们没有能力作出比公司创始人及其团队更好的决策或者发现管理者较差的决定。另一方面,股东冷漠的客观存在进一步加剧了部分股东对自己手中表决权的忽视,缺乏投票积极性。外部股东过多的干涉未必能够使公司有更好的表现。外部投资的介入,可能会改变初创企业的控制权,但是资本方无法像创始团队那样了解公司并全身心投入,他们甚至会在公司发展方向、战略决策以及运营模式等重大决策中作出错误决定。

相较于外部股东,公司创始人基于其对公司的了解以及其专业知识,能够更好地作出最优决策。并且创始人通常会发现,构建良好的公司治理结构,使投资者能够获得最大的利益回报,这样也将使自己受益颇丰。如果创始人未能兑现对投资者给予回报的承诺,那么创始人将丧失投资者为其提供的资本。在市场动力学的原理下,公司的创始人会将投资者的利益铭记于心。因此想获得控制资源的人也必须给投资者带来丰厚的收益,而那些能够实现收益承诺的人也将获得最大限度的投资。[31]不完全契约理论的开创者哈特(Hart)先生认为,"同股不同权"是应该被提倡的。股权结构的设计主要应该取决于公司意愿,而投资者是否对此予以接

---

[31]　同前注③,弗兰克·伊斯特布鲁克等书,第5页。

受,则是取决于投资者自己的判断。在"一股一票"表决权结构下,公司在经过多轮融资之后,由于股权被稀释,公司创始人将因此丧失对公司的控制权,这种情况下,企业创始人难以通过董事会掌握足以管理公司发展的话语权。创始人丧失控制权可能会导致以下结果:公司未来的发展偏离最初的路径,从而造成创业失败;也可能导致董事会以及公司管理团队为了连任或者延长任期,尽力满足股东们的业绩要求而更加关注公司的短期利益,甚至可能出现过度消费公司现有资源、减少科研投入甚至拉高股价之后套现走人的情况。而上述这些情况的产生,很可能会影响公司再次融资的计划。

差异化表决权结构为公司提供了相对稳定的控制权,保障了公司核心管理的稳定,能够在一定程度上缓解上述问题。差异化表决权结构的本质是企业创始人保护自己公司控制权的一种手段。一方面,创始人及其团队对公司的控制力相对稳定,不会因为外部股东的变化而改变;另一方面,不持有特别表决权股的外部股东,其股份的转让不受影响,为外部投资者提供了合理的进退机制。低权重表决权股东能够通过买入股票或者卖出股票的方式表达意见,他们没有理由降低公司竞争力。股东权益保护的主要方式不是通过投票表决机制,而是通过市场机制(如证券市场、人才市场以及产品市场等方面),为股东提供有效的退出机制确保其在遭受损失或者侵害时能够及时止损。[82]

三、切合人力资本的特性

差异化表决权结构体现了对创始人人力资本的认可,能够激励企业家勤勉地管理公司。人力资源需要非物质资源作为将公

---

[82] 参见[美]弗兰克·H.伊斯特布鲁克等:《公司法的逻辑》,黄辉译,法律出版社 2016 年版,第 306 页。

司黏合在一起的胶剂。对非人力资产的控制可以带来对人力资产的控制。[33]差异化表决权结构有助于实现知识与决策的匹配。创始人对公司的特殊情感有助于实现公司利益最大化,因为他们在乎的不只是金钱的回报,而更重视公司未来的发展以及自己的远见。差异化表决权结构在某种程度上可以理解为市场对公司资本优越论的修正。在公司有限责任的保护之下,出于债权人保护以及平衡股东之间利益的考量,传统公司法理论更加重视公司的物质资本而非人力资本,因此,也更加倾向于将公司控制权配置给资本权益较重的股东。但是随着科技革命的到来,人力资本的价值在新时代日益突出。如今,公司创始人以及管理团队为公司付出的专用性人力资本的价值甚至超过了物质资本提供者为公司作出的贡献,这种特性在科技创新型公司中异常显著。差异化表决权结构能够稳定公司的控制权,有利于强化人力资本的依附性,使控制权持有人能够投入更多的成本培育经营管理公司的知识和技能。尤其是成长性能好、资本门槛相对低的高科技公司以及互联网公司等,它们对人力资本有很强的依赖性,通常依附于创始人的才能或者创意得以创立,其创业理念也深深地影响着公司的发展走向。差异化表决权结构有利于保护在边做边学过程中形成的人力资本专用性,实现资产专属化(asset-specificity)。专属于科技创新型公司的人力资本是公司赢得成功的优势,在满足公司稳定发展方面更具有效率。[34]因此差异化表决权结构也可以视为市场对人力资本依赖的结果。

四、降低公司的运作成本

良好运作的差异化表决权结构能够从决策成本、融资成本以

---

[33]　同前注⑨,罗伯塔·罗曼诺书,第24页。

[34]　同前注⑨,罗伯塔·罗曼诺书,第13页。

及监管成本三个方面降低公司的运作成本。

1. 差异化表决权结构能够降低公司作出决策的成本。亨利·汉斯曼(Henry Hansmann)曾指出,当决策者的利益趋同时,与集体决策相关的成本较低,所有者之间的利益同质性有助于降低公司决策成本。但现实情况却并非总是这样,在面对异质性利益时,集体决策的过程也将伴随高昂的交易成本。当投票者的偏好各不相同时,公司很难通过一套连贯的选择体系将不同的差异化偏好整合到一起。差异化表决权结构能够降低决策成本从而提高公司的治理效率。这是因为差异化表决权结构允许公司在重视自己投票权的知情股东和不知情并"以财富为动力"的股东之间分配投票权,公司能够通过减少代理成本和交易成本来降低其资本成本。具体而言,在使用差异化表决权结构的情况下,知情的投资者更愿意为赋有多数表决权的股票支付更多的费用,并且他们的投票不会被不知情且投票动机薄弱的投资者的投票所稀释。事实上,一家公司甚至可以通过提供不同类别的普通股来吸引知情投资者投资,同样地,缺乏投票动力的投资者也会倾向于向那些不需要他们承担与投票相关成本的公司投资。向知情且具有投票动力的股东发行附有高权重表决权的股票,向不知情且缺乏投票动力的股东发行低权重表决权甚至是无表决权的股票,这样能够使公司更有价值,提高其决策的有效性。

2. 差异化表决权结构能够降低创始人股权融资成本。首先,差异化表决权结构允许那些控制公司的人——无论是家族企业中的家族成员,还是一家成功科技公司富有远见的创始人——保留控制权,而不必承担过多的风险。如果这些公司不能采用差异化表决权结构,那么公司创始人很可能会被迫将全部或大部分财富留在公司,以维持其控制权,这将使他们面临巨大的风险。这也可能导致他们放弃具有吸引力的融资机会,因为新一轮的股权融资会稀释他们所剩不多的控制权。再或者,为了维持控制权,创始人还会被迫选择债权融资而不是股权融资,即使他们明知债权融资在其他方面的成本要远高于股权融资。然而,在差异化表决权结构下创始人可以在不被稀释控制权的情况下获得新资本。这使得创始人在不失去对公司控制权的情况下,实现私人财富的多元化。其次,差异化表决权结构有助于公司创始人有效地收回他们对公司前期投入的并且可能已经沉没的成本。沉没成本是指创始人在公司设立之初,为了开发公司赖以运营的技术,或者为了培育品牌等,向公司注入的大量前期成本。如果公司的创始人在公司后期融资扩大过程中,因股权稀释而丧失控制权,那么新的公司控制人可能会窃取创始人的前期成果,创始人也将因而遭受损失,因此差异化表决权结构能够在保护创始人控制权的基础上,激励创始人进行有益的前期投资。⑧

3. 差异化表决权结构有助于降低上市公司的监督成本。在差异化表决权结构中,公司的控制人直接持有高权重表决权股,并且有条件受到严格的披露要求和监管要求,股权结构明晰,控制权人对公司的控制没有中间人的介入,因此相较于其他不拥有多数股情形下维持公司控制权的方式(如"金字塔结构"、交叉持股以及股权信托等)而言,其不具有隐蔽性,运作成本更低,更有利于监管。⑧尤其是对采用差异化表决权结构上市的公司而言,这种特殊

---

⑧　同前注⑬,张巍书,第 219 页。

⑧　参见[美]阿道夫·A.伯利、[美]加德纳·C.米恩斯:《现代公司与私有财产》,甘华鸣等译,商务印书馆 2005 年版,第 82—83 页。

的表决权安排不仅会受到公司法和证券法的明确约束,还会受制于证券交易所上市规则的严格限制。将差异化表决权结构纳入系统性的监管范围之内,可使其暴露在阳光之下接受规则的充分监管,从而降低差异化表决权结构的外部监管成本。

第二章

全球视域下差异化表决权
制度的历史演进

　　各国(地区)在法律上对差异化表决权结构的监管态度差异甚大,宽严不一。美国、加拿大、韩国、瑞士、丹麦等国家对差异化表决权结构的接受度较高;英国、法国、澳大利亚、新加坡、南非等国家虽然允许上市公司采用差异化表决权结构,但是在实践中却并未形成较大规模和比例的适用。"一股一票"表决权安排仍然是各国(地区)公司法的基本原则,只是有些国家允许公司设置部分偏离"一股一票"原则的其他类别的股份。㊼一个国家是如何发展出差异化表决权结构模式的,与公司初始结构紧密相连,但是随着全球化的发展,融资市场之间的竞争与进步促使各国(地区)对差异化表决权结构的接受程度愈来愈高。正如弗朗茨·博厄斯(Franz Boas)所言:"一个社会集团,其文化的进步往往取决于它是否有机会吸取邻国邻近社会集团的经验。一个社会集团所有的种种发现可以传给其他社会集团;彼此之间的交流愈多样化,相互学习的机

㊼　同前注㉓,张巍书,第226—230页。

会也就愈多。"在全球视域下考察差异化表决权结构的发展,能够为中国相关制度的完善以及未来公司法的改革提供理念和路径上的启迪。本章梳理了差异化表决权结构在其他国家和地区中的演进状况,并从公司法和交易所上市规则出发,考察了各法域对差异化表决权结构的监管态度。

第一节　美国双层股权制度的历史演进

美国的双层股权结构即本书所称的差异化表决权结构。美国对双层股权结构的态度也经历了从"抗拒"到"接受"的改变。对其的监管强度是一个循环往复的过程,在不同的时期背景下,对双层股权结构的监管力度呈现出不同程度。

一、美国双层股权结构的制度变迁

（一）美国"一股一票"的传统与双层股权结构的萌芽

美国双层股权结构的发展较为曲折,早期的法律并没有对股东的表决权安排作出任何限制,公司可以在章程中自行约定。在19世纪中期以前,美国一般公司章程（general incorporation statutes）或者各州公司法（state corporation statutes）并未将"一股一票"表决权安排设为默认规则。公司的设立采用特许的方式,大致存在三种类型的表决权结构:(1)大部分公司选择了限制大股东的投票权;(2)少数公司采用了"一股一票"的规则;(3)比较极端的公司则是采用"一人一票"的表决权安排。⑧由于强制性加权投票（weighted voting）规则使大股东利益受损,导致公司难以吸引资金,为了安抚大股东,股份公司的表决机制逐渐呈现出"一股一票"

---

⑧　See "The Scope of the SEC's Authority over Shareholder Voting Rights", SEC, last modified May 14, 2007, https://www.sec.gov/comments/4-537/4537-17.pdf.

的趋势,但是这一规则却从未成为各州公司法的强制性规则,公司仍然可以自由地偏离这一标准。起初,许多州一直允许发行无投票权的优先股,这种股票的发行并未引起太大的反对声音。1898年,International Silver Company 公司发行了无投票权普通股,1902 年变更为每两股一个投票权。[89]此后,逐渐发展出了双层股权结构,尽管这种股权结构并不常见,但是这一股权结构并未被法律所禁止,法院通常依据契约自由理念支持双层股权结构。尽管人们对差异化表决权的偏好有各种各样的原因,但其中一个主要原因甚至在今天也相当切题,即管理层希望在不稀释表决权的情况下筹集额外的股本。[90]

越来越多的公司开始偏离"一股一票"的主流趋势,使用双层股权结构融资。这一时期,双层股权结构将普通股分为两个类别:一种是"一股一票"的普通股,另一种是无投票权的普通股。通过将前者发行给公司内部人、将后者发行给公众的方式,发起人可以在不失去企业控制权的情况下筹集可观的资金。[91]20 世纪 20 年代,双层股权结构受到公司管理层的追捧,投资者也对无投票权股展现出惊人的热情。其中最著名的例子就是 1925 年道奇兄弟公司(Dodge Brother,Inc.)在纽约证券交易所成功上市,并面向公众投资者发行了无表决权的普通股。该公司发行的全部优先股以及五分之四的普通股无选举董事的权利。而投资银行 Dillon,Read & Company 凭借其享有的有表决权的普通股掌握了对道奇

---

⑧⑨ 同前注㉞,邓峰书,第 364 页。

⑨⓪ See Douglas C. Ashton, Revisiting Dual-Class Stock, St. John's Law Review 68, 890—891(1994).

⑨① See "The Scope of the SEC's Authority over Shareholder Voting Rights", SEC, last modified May 14, 2007, https://www.sec.gov/comments/4-537/4537-17.pdf.

兄弟公司的控制权。㉒

（二）对双层股权结构的约束与禁止

与无投票权的优先股相比，人们逐渐对无投票权的普通股表现出反感。对双层股权结构的批评之声也随之而来。反对者中的代表人物是威廉·里普利（William Z. Ripley），他认为，在一系列旨在剥夺公众投资者表决权的举措中，无表决权普通股是"最大的耻辱"。㉓甚至有学者将无表决权的普通股或者不成比例表决权普通股（disproportionate voting common stock）称之为"公司法上等同于价格操纵的股票"。㉔迫于"平等投票权运动"的压力，作为回应，1926 年 1 月 18 日，美国纽约证券交易所开始限制无投票权普通股的发行，并在一段时间内谨慎地避免作出任何明确的政策声明。在 1927 年到 1932 年间，仍然有多家公司发布了表决权受限的普通股。随后在 1940 年，纽约证券交易所完全禁止了采用双层股权结构上市的公司。㉕

（三）对双层股权结构的承认与发展

值得注意的是，在纽约证券交易所严格要求上市公司遵守该"一股一票"原则期间，纳斯达克和美国证券交易所（AMEX）对双

㉒　参见王灏文：《美国类别股法律制度探源：背景、进程及内在逻辑》，载《证券法苑》2018 年第 2 期。

㉓　See William Z. Ripley，Main Street and Wall Street，Boston Little，Brown，and Company，77(1927).（迄今为止所描述的法律新规，以及由此产生的各种做法不过是为声名狼藉作准备，这种声名狼藉似乎在 1924—1925 年的繁荣时期达到了顶峰。）

㉔　同前注㉒，Joel Seligman 文。（文章认为无投票权股或不成比例的投票权股在公司法上等同于价格操纵。）

㉕　同前注⑨，Douglas C. Ashton 文；同前注㉒，Joel Seligman 文。〔纽约证券交易所认为双层股权结构下的差异化表决权安排侵害了股东的"固有权利"，与纽约证券交易所鼓励的高标准企业民主的长期承诺不一，每个上市公司都应保持适当的企业责任、诚信和对股东负责的标准。纽约证券交易所曾多次援引（转下页）

层股权结构公司上市并未有过严格限制。纽约证券交易所面对来自其他证券交易所的竞争压力，以及 20 世纪 80 年代并购浪潮下公司管理层希望获得新的收购防御机制的愿望，即由内部人拥有排他的表决权股或拥有不成比例表决权股，双层股权结构成为了最有效的防御手段。㊱最典型的例子是王氏实验公司（Wang Laboratories，Inc.）。该公司的创始人希望能够采用双层股权结构上市，㊲这样创始人就能够牢牢把握公司的控制权，从而有效防范证券市场中潜在的敌意收购风险，但是这一提议却遭到了纽约证券交易所的拒绝。㊳然而，1976 年美国证券交易所表示愿意接受王氏实验公司采用双层股权结构上市，并在随后以政策声明的形式发布了一系列被称为"王氏公式"（Wang Formula）的标准。随后有

（接上页）上述及类似声明，拒绝或撤回上市申请。但是纽约证券交易所却从未公开定义过"固有权利""企业民主"和"企业责任、诚信和对股东负责的适当标准"等关键术语，缺乏说服力。因此作者乔尔·赛里格曼（Joel Seligman）认为纽约证券交易所要求上市公司遵循"一股一票"的规定是出于政治原因才得以延续。纽约证券交易所显然明白，表决权安排相关的政策重大变化可能会触发联邦、州立法机构或行政机构的一系列反应。同样地，基于政治考量的相关政策具有善变性。例如，在1956，纽约证券交易所同意福特汽车公司（Ford Motor Company）上市，尽管福特家族凭借 B 类普通股，仅持有 5.1% 的股份便保留了 40% 的公司表决权。纽约证券交易所对双层股权结构的态度转变并没有给出令人信服的解释，即纽约证券交易所并没有合理解释为什么 1925 年道奇兄弟公司上市，内部人凭借 2% 的股份享有100% 的表决权，而福特汽车公司上市，内部人持有约 5% 的股份享有 40% 的投票权。显而易见的解释是出于政策上的考量。1956 年，福特汽车公司被视为重要的上市公司，为了挽留这样的大客户，以至于纽约证券交易所心甘情愿地放弃了自己坚持了四十年的政策。]

㊱　See Stephen M. Bainbridge, The Short Life and Resurrection of SEC Rule 19c-4, Washington University Law Review 69, 565—572(1991).

㊲　王氏实验公司将双层股权结构中的普通股分为 AB 两类，其中包括"一股一票"的 A 类普通股以及每股只有十分之一票的 B 类普通股。

㊳　See A. A. Sommer, Jr., Two Classes of Common Stock and Other Corporate Governance Issues, Annual Institute On Securities Regulation 17, 567—568(1985).

22家公司采用这一标准在美国证券交易所上市。[99]20世纪中期，采用双层股权结构的上市公司已经不仅仅局限于小型上市公司或者家族企业，纳斯达克和美国证券交易所迅速崛起。直到1984年，纽约证券交易所才因通用汽车（General Motors）收购罗斯·佩罗电子数据系统公司（Ross Perot's Electronic Data Systems Corporation）时，发行了限制性股票（restricted shares），而放弃了其固守的"一股一票"原则。大型公司使用双层股权结构是一种历史性的反常现象，引发了对双层股权结构的重新审视和辩论。[100]

二、美国双层股权结构制度监管

纵观美国对双层股权结构的监管历史，尽管公众要求政府出手干预双层股权结构的呼声不断，但是美国各个州仍然坚持以"授权性"作为公司法律规范的蓝本，公司的股东和管理层之间可以通过自由协商的方式，确立彼此享有的权利以及应当承担的义务，而无须监管者对其协商的内容进行实质性审查。实际上，监管态度的松紧，更多的是出于一种政治性的考量。公司对双层股权结构的偏爱表明了这一股权结构有其价值和意义。

为了防止各大证券交易所"朝底竞争"（race to bottom），1988年7月美国证券交易委员会（SEC）颁布了规则19c-4，该规则不再

---

[99]　同前注[12]，Joel Seligman文。[该政策声明规定：尽管美国证券交易所禁止发行无表决权的普通股的公司上市，但可以接受拥有不平等表决权普通股的双层股权结构公司的上市申请。采用差异化表决权结构上市的公司除了满足基本上市标准之外，还应当考虑一下政策（王氏公式）：(1)被限制投票的普通股股东必须有能力选举不少于25%的董事会成员。(2)除董事选举以外的所有事项上，不得有超过10∶1的投票比例支持"超级"投票类别。(3)不得创设额外的股票（无论是普通股还是优先股），使有限表决权股东的投票数额减少。(4)如果"超级"类股票的数量低于总资本额的一定比例，交易所一般会要求这种股票丧失其某些属性。(5)虽然没有特别要求，但强烈建议为有限投票问题设立股利偏好。]

[100]　同前注[90]，Douglas C. Ashton文。

采取严格的"一股一权"标准,但是仍然对公司采用双层股权结构作出了诸多限制,包括禁止已经上市的公司通过资本重组的方式转变为双层股权结构公司,即禁止事后的双层股权结构。[100]该规则遭到了商业圆桌会议(Business Roundtable)的质疑,他们认为证券交易委员会无权干涉各个证券交易所的规则制定,公司股东创设不同的股票类别以及表决权应当属于公司治理的范畴,而非证券交易委员会的职权,因此向法院起诉请求撤销该规则,最终华盛顿巡回法庭(the D.C. Circuit)判决规则 19c-4 无效。[102]虽然该规则被判决无效,但是随后纳斯达克、纽约证券交易所以及美国证券交易所纷纷表示自愿接受规则 19c-4,即公司在首次公开发行之后,不得发行比已发行股票表决权更高的股票,否则将被视为对股东权利的剥夺。从此之后,美国的三大证券交易所针对双层股权结构,形成了较为一致的上市准则。公司可以依据自身的需求,采取灵活的表决权安排。

事实上在监管层面,美国证券监督管理机构并没针对双层股权结构设置特殊限制,主要是通过美国的司法系统——集体诉讼制度来解决双层股权结构相关的纠纷,因此美国的证券交易所并没有对双层股权结构提出一系列规范要求。

三、启示

差异化表决权结构在美国已经存在了近一个世纪,对其争论可追溯至 1925 年道奇兄弟公司在纽约证券交易所上市。在此次募股中,道奇兄弟公司发行了无表决权的普通股,这一行为招致了

---

[100]　See Louis Lowenstein, Shareholder Voting Rights: A Response to SEC Rule 19c-4 and to Professor Gilson, Columbia Law Review 89, 979(1989).

[102]　See The Business Roundtable v. Securities and Exchange Commission, Judgment of 21 November 1989, 905 F.2d 406(D.C. Cir. 1990).

公众的强烈抗议。哈佛大学教授威廉·里普利将这种同股不同权的股权架构模式视为剥夺普通股东对公司控制权的不端行为。作为对这种指责的回应,纽约证券交易所于 1940 年宣布禁止发行无表决权普通股。直到美国 20 世纪 80 年代的并购狂潮时期,那些担心自己公司会被收购的公司内部人开始游说交易所放宽股东投票权限制的相关规定。纽约证券交易所为了应对来自公司管理层以及其他交易所的压力,再次允许上市公司采用差异化表决权结构。纵观历史可以发现,大部分采用差异化表决权结构的公司都是家族企业、媒体公司(为了确保出版物能够保持新闻编辑的独立性)以及由强有力的内部人集团领导的公司。实证研究也发现,美国差异化表决权结构企业的分布很广泛,并不仅仅局限于科技创新型企业。适用差异化表决权结构的公司通常表现出以下特点:公司管理层财富有限,因而无法通过大量持股获得公司的控制权,并且管理层掌握公司控制权能够为公司带来更多的利益。由此可见,最初偏爱差异化表决权结构的公司并非科技创新型公司,直到脸书公司采用双层股权结构成功上市之后,这一做法引来其他科技创新企业效仿的潮流。谷歌、Groupon、Zynga、领英(LinkedIn)以及 Zillow 等科技创新型公司开始采用双层股权结构上市[还有一些未上市的科技创新型公司也采用这种结构,如 Pinterest、Square、推特(Twitter)和多宝箱(Dropbox)等公司],以寻求股份分摊时,减轻对创始人股东控制权的冲击。2017 年,Snap 公司作出了一个更大胆的决定——在首次公开募股中采用三层股权结构,为公司内部人保留两类有投票权股票,向公众发行无投票权股票。[103]至

---

⑩ See "Snap Inc., Amendment No.2 to Form S-I Registration Statement", SEC, last modified February 16, 2017, https://www.sec.gov/Archives/edgar/data/1564408/000119312517045870/d270216ds1a.htm♯toc.

此,美国上市公司可以依据不同的目的和需求发行投票权益不同的普通股,在多层股权结构中,呈现出无投票权普通股、"一股一票"普通股以及"一股多票"普通股的自由组合。在美国采用双层股权结构上市的科技创新型公司当中,Alphabet、脸书和阿里巴巴集团按 2017 年普通股市值排名全球前 15 位。[104]采用差异化表决权结构上市的公司不断增多,并且不仅限于科技行业。为了将控制权集中在创始人或其他公司内部人手中,许多公司都转向了这种特殊的股权结构,其中还包括马里兰州房地产投资信托基金(Maryland real estate investment trusts)。

时至今日,美国对差异化表决权结构的评论和研究仍然是混合的,并无定音。对这种表决权结构的长期争论在于:一方面有远见的创始人想要继续维持对公司的控制权,并同时获得公开市场的融资;另一方面,这一股权结构破坏了问责机制,即差异化表决权结构赋予了管理层对公司的控制权,使得普通投资者更加难以对其实施监督。反对差异化表决权结构的学者认为,差异化表决权结构违背了股权平等原则,表决权平等的重要性不仅体现在公平公正的分配利润,更重要的是能够通过表决权的行使对公司管理层形成有效约束,因此表决权所涉及的公共利益是不容放弃和出卖的,而差异化表决权结构直接损害了公司的合法性。并且,差异化表决权结构公司的代理成本要高于"一股一票"公司的代理成本,也就是说,由于差异化表决权结构导致股票所附带的表决权与现金流权不成比例,因此当持有高权重表决权的股东利益与公司整体利益相悖时,公司控制人会利用这种权利谋取私利,由此引发

---

[104] See Bernard S. Sharfman, A Private Ordering Defense of a Company's Right to Use Dual Class Share Structures in IPOs, Villanova Law Review 63, 1—2 (2018).

的壕沟防守效应,还会致使管理层在实际经营中采取更为激进的策略,作出不利于投资者的决定。此外,差异化表决权结构还增加了敌意收购的难度,从而降低了控制权市场的监督作用。当差异化表决权结构公司的控制人攫取私人利益时,几乎难以通过公司控制权市场(market for corporate control)这一外部公司治理机制实现更换不良管理层的目的。

而支持差异化表决权结构的学者认为,差异化表决权结构赋予了管理层对该公司的控制权,能够避免公司管理层过度关注股价的短期变化而忽视公司长期发展目标,因而采用差异化表决权结构的公司在经济发展方面有更好的表现,能够更好地融入东道国的社会结构之中而不易受到临时股东的影响;这种股权结构还能激励特定人力资本的投入进而降低企业的代理成本。不过这种宝贵的所有权形式必须附带适当的措施,以保护少数股东的权利。实证研究也证明了差异化表决权结构能够有效减少短期市场压力并使公司获得更多的成长机会。[105]此外还有研究表明,减少非知情股东的投票权(消极投资者会通过放弃投票权以换取"折扣价"买入股票的机会),赋予知情的股东更多投票权,能够提高公司决策效率。[106]

还有些学者持中立态度,即一方面认可差异化表决权结构的价值,另一方面反对差异化表决权结构的永久存续。这些学者认为在公司成立初期,差异化表决权结构确实有利于公司成长,但是随着时间不断地推移,差异化表决权结构的潜在优势将会逐渐消

---

[105] See Bradford Jordan, Soohyung Kim and Nad Mark Liu, Growth Opportunities, Short-Term Market Pressure, and Dual-Class Share Structure, Journal of Corporate Finance 41, 304(2016).

[106] See Dorothy Shapiro Lund, Nonvoting Shares and Efficient Corporate Governance, Stanford Law Review 71, 687(2019).

退，而其潜在的成本将会不断攀升。所以，应当为差异化表决权结构设置一个存续期间以防止这一表决权结构被滥用。[107]毕竟，永续存在的差异化表决权结构对普通投资者而言，将导致这样的后果：上市公司被公司内部的小部分精英集团永远地控制——他们甚至可能将这些权力传递给不具有远见的后代。

由此观之，美国学者对差异化表决权结构的研究主要集中在控制权个人收益、防止敌意收购以及公司长远发展三个方面，并对差异化表决权结构的实际应用开展了实证研究。对差异化表决权结构存在的价值已经达成共识，但对这一股权结构的存续期间仍有较大争议。对差异化表决权结构建立之后的后续问题，如差异化表决权结构对公司控制权配置的影响、流动性以及"下一代"问题的研究仍处于初级阶段。

对双层股权结构的判断最终还是交到了外部投资者手中，并未制定严格的监管措施。但随着越来越多的公司采用双层股权结构上市，对双层股权结构的批评之声也越来越大，政府监管机构、投资者维权团体和主要机构投资者对双层股权结构的效用提出了越来越多的质疑，尤其反对向公众投资者发行无表决权股。在2018年2月13日的一次演讲中，证券交易委员会委员卡拉·斯坦（Kara Stein）批评双层股权结构公司本质上是不民主的，指责其切断了公司控制股东和其他股东的利益。并进一步警告说，双层股权结构提供了一种逃避管理和董事会责任的手段，不仅对公司、股东和雇员有害，而且对整个经济也有害，这种结构实际上扭转了公

---

⑩　See Lucian A. Bebchuck and Kobi Kastiel, The Untenable Case for Perpetual Dual-Class Stock, Virginia Law Review 103, 585—630(2017).

司股东关系背后的互惠主义。[108]

种种迹象表明,公司创始人和内部人将继续尝试采用差异化表决权结构,这使得部分机构投资者的表决权受到威胁。希望保护自己表决权的机构投资者可能会采取行动。机构投资者委员会(Council of Institutional Investors)宣布,上市公司的每一股普通股都应拥有同等投票权,无投票权股份不得在上市公司中占有一席之地。道富银行(State Street Corporation)敦促美国证券交易委员会禁止无投票权的股票。机构股东服务公司(Institutional Shareholder Services)谴责双层结构是一种专制的治理模式。黑石集团(BlackRock)强烈支持所有股东享有平等权利。企业治理分析集团(GMI Ratings)警告说,双层股权结构可能会给公司的公众股东带来严重风险。美国对差异化表决权结构的争论仍在继续。美国对双层股权结构的态度体现了公司合同集束理论下对公司章程自治的尊重。是创始人、投资者以及交易所三方共同推动了双层股权结构发展。在公司法与证券法、自律组织的事前规则以及司法判例的力量之下为均衡创始人和投资人之间力量作出了贡献。

第二节　中国香港地区加权投票权制度的历史演进

一、中国香港地区加权投票权制度变迁

(一) 从允许到抵制

中国香港的公司法律从未禁止过差异化股权结构,并将其称

---

⑩　See "When One Share Does Not Mean One Vote: The Fight Against Dual-Class Capital Structures", Bernstein Litowitz Berger & Grossman, last modified January 12, 2020, https://www.blbglaw.com/news/publications/2018-05-21-when-one-share-does-not-mean-one-vote-the-fight-against-dual-class-capital-structures-by-mark-lebovitch-and-jonathan-uslaner-as-published-by-sacrs-magazine/_res/id = File1/SACRS%20MarkL.pdf.

为"加权投票权"。1987年之前,香港联交所也并未禁止过差异化股权结构公司上市,但是采用不同投票权架构上市的公司却并不多见,其中比较有名的是太古股份有限公司(Taikoo)。但是在1987年3月到4月间,和计黄埔、怡和洋行还有长江实业三家公司作出了计划发行高权重表决权股的决定,引起了资本市场的强烈反应,因为投资者们担心这种股权结构的公司上市之后,持有高权重表决权的股东在把持控制权的同时会撤走资金,导致股票市场一度大跌。为了应对资本市场的动荡,香港证券交易所和证券监管机构迅速叫停了此类表决权股的发行,并于1989年12月修改了上市规则,要求上市公司的发行股票的表决权必须与其经济性利益相关,从而实际上禁止了差异化表决权结构的公司上市。随着此前采用差异化表决权结构上市的公司陆续私有化,资本市场上仅留下了太古还保持着不同投票权结构。

(二)从动摇到再次接受

2013年,阿里巴巴集团希望采用合伙人制度这种非标准化的股权结构在中国香港上市,但是香港联交所认为这一结构性安排会损害投资者利益,因而拒绝了阿里巴巴集团的申请,随后阿里巴巴集团于2014年9月19日在美国纽约证券交易所上市成功,成为美国有史以来最大的一宗首次公开发行项目,这对香港证券交易所而言是一大损失。痛定思痛,随即对于加权投票权制度的讨论再次复燃。2014年8月,香港联交所发布概念性文件(HKEX,Concept Paper:Weighted Voting Rights),向公众征求加权投票权的意见,并于2015年6月公布了加权投票权征求意见总结书(Weighted Voting Rights Consultation Conclusion Paper),该意见书表示应当接受采用差异化表决权结构的公司上市。但是,在6天之后,香港证券及期货事务监察委员会(SFC)发布声明,拒绝了香港联交所的这一建议。同时,香港证券及期货事务监察委员会也对加权投票权表示反对,同年10月,香港证券交易所宣布搁置加权投票权的提案。

2017年6月,香港联交所再次发布概念性文件,建议通过设立创新板的模式接纳差异化表决权结构。其中创新板分为创新初版(New Board PRO)和创新主板(New Board Premium)两个板块,前者允许尚不符合主板和创业板的公司采用差异化表决权结构上市,但是仅向专业投资者开放;后者则为已经符合主板和创业板标准,但采用了差异化表决权架构的公司开放,一般散户投资者即可参与交易。此次咨询不仅得到了积极反馈,还获得了香港证券及期货事务监察委员会的支持。2018年2月23日,香港联交所对外公布了《新兴及创新产业公司上市制度》的咨询文件,宣布放弃单独开设创新板的想法,而是通过直接在主板的上市规则之中增加新条款的方式允许具有高增长性能的创新产业公司在主板上市。同年4月24日,香港联交所公布了《新兴及创新产业公司上市制度》的咨询总结,在上市规则之中加入第8A章(Chapter 8A),允许不同投票权架构公司在主板上市,修改后的主板上市规则于2018年4月30日开始实施。⑩香港联交所新的上市规则发布两个月后,小米成了第一家采用加权投票权在港上市的公司,同年9月20日,美团也采用了这种投票权架构成功上市。

二、中国香港地区加权投票权制度监管

为了平衡加权投票权股东与其他股东之间的利益冲突,香港证券交易所对加权投票权制度设置了诸多限制性条款。

---

⑩ See HKEX, Consultation Conclusions: A Listing Regime for Companies from Emerging and Innovative Sectors.

（一）采用差异化表决权结构的准入限制

香港联交所只允许在公司首次公开发行时采用差异化表决权结构，已上市的公司不得改变现有的股权结构，将其转变为不同投票权架构。[110]在此基础上，香港联交所还从定量标准和定性标准两个方面，设置了一系列差异化表决权结构公司的上市标准。具体而言，其定量标准要求：采用差异化表决权结构的新申请人要么其上市时的市值大于或等于400亿港元，要么同时满足市值不得低于100亿港元且最近一个经审计的会计年度收益不少于10亿港元。[111]

而定性标准，则需要向香港联交所证明其适合采用差异化表决权结构，主要包括但是不限于以下几个方面：(1)属于创新企业（innovative company），申请采用差异化表决权结构的公司必须具有创新精神，只要具备香港联交所认定的一项创新精神即可；(2)具有良好的公司发展记录，并且其高增长的轨迹有望持续；(3)加权投票权持有者必须对公司的业务增长负有主要责任，即公司的价值主要归因于该持有者的无形人力资本；(4)加权投票权持有者必须在公司业务中发挥积极作用，并且必须是发行人的董事成员；(5)在首次公开发行时，申请人必须获得资深投资者的实质性投资，资深投资者的投资在首次公开发行之后的6个月不得低于其投资总额的50%。此外，若采用差异化表决权结构上市的申请人要求发行的普通股无表决权，那么香港联交所将拒绝其上市。[112]

---

[110]　参见《香港联合交易所有限公司证券上市规则》8A.05。

[111]　同前注[110]，8A.06。

[112]　See "Guidance Letters for New Applicants GL93-18", HKEX, last modified April 12, 2018, https://en-rules.hkex.com.hk/rulebook/gl93-18.

（二）对差异化表决权结构中受益股东资格的限制

香港联交所对持有加权投票权股东的资格作出了严格限制，除了上述在采用差异化表决权结构上市申请者的必要性审查中，对受益人身份作出的限制以外，在其上市规则中也作出了规定。(1)持有加权投票权股的受益股东必须是董事会成员。[13](2)受益股东持有的已发行的股本合计不得低于 10%，但是若申请人市值巨大，加权投票权受益人持有的股本达不到上述要求的，香港联交所也会考虑具体情况，酌情接受。[14](3)在某些情境下，限制加权投票权受益股东使用高权重表决权，主要包括以下情况：该受益人死亡；不再担任该公司的董事；以及其他香港联交所认为受益人已经无法再继续履行其董事职权的情形。[15]

（三）对差异化表决权结构中加权投票权股行使的限制

由于差异化表决权结构能够将投票权比例放大，由此可能损害低权重表决权股东的权益，因此香港联交所对加权投票权作出了限制。(1)每一股份仅享有一个表决权的普通表决权股东，其表决权的总和不得低于全部合格表决权的 10%。[16](2)依照每一股份享有一个表决权的标准，只要股东持有 10% 的表决权，即可召开股东大会并提出新的议案。[17](3)加权投票权股所附的表决权比例，不得高于普通股的 10 倍，除了表决权存在差异之外，其他股票上附着的权利均完全相同。[18](4)在特定事项的表决中，高权重表决权股在投票表决时，将转换为每股仅享有一个表决权的

---

[13]　同前注[10]，8A.11。
[14]　同前注[10]，8A.12。
[15]　同前注[10]，8A.17。
[16]　同前注[10]，8A.09。
[17]　同前注[10]，8A.23。
[18]　同前注[10]，8A.07、8A.10。

普通股。⑲

（四）差异化表决权结构中加权投票权股处置的限制

香港联交所对加权投票权股处置的限制主要体现在两个方面，一方面是对购买、回购以及认购不同投票权股的限制，另一方面表现为对加权投票权股转让的限制。具体要求如下：（1）采用差异化表决权结构的公司上市之后，其增发的差异化表决权股份比例不得超过其上市时的占股比例。⑳（2）采用差异化表决权结构的公司上市之后，其由于回购等原因减少其股票份额而导致加权投票权股比例升高的，应当相应地减少加权投票权股的比例。㉑（3）采用差异化表决权结构的公司上市之后，发行人不得改变差异化表决权类别股的条款以增加加权投票权股的投票比例。㉒（4）差异化表决权结构中，受益人将加权投票权股转让给他人后，加权投票权股将丧失其附有的多数表决权。此外，虽然受益人可以通过有限合伙、信托、私人公司或者其他工具持有加权投票权股票，但是不得规避转让加权投票权股后其所附带的表决权丧失的情形。㉓（5）加权投票权股的表决权转换比例应当依照1∶1的比例转化成"一股一票"普通股。㉔

（五）差异化表决权结构公司的信息披露要求

香港联交所要求采用差异化表决权结构上市的公司充分提示这种股权结构存在的风险，主要包括以下措施：（1）采用差异化表

---

⑲　同前注⑩，8A.24。具体事项如下：公司章程发生变动；股东权利的变更；委任或者罢免独立非执行董事或者审计人员；以及主动终止公司活动等情形。

⑳　同前注⑩，8A.13。

㉑　同前注⑩，8A.15。

㉒　同前注⑩，8A.16。

㉓　同前注⑩，8A.18。

㉔　同前注⑩，8A.21。

决权上市的公司必须在其相关的各项文件显著位置加入"具有不同投票权控制的公司"的警示字样,并在各项文件或者财务报告中对不同投票权架构的相关数据以及风险进行详细描述,以提醒投资者审慎决定是否投资。[125](2)采用不同投票权架构的上市公司必须在其证券的凭证之上标明其不同投票权架构的特性。[126](3)采用不同投票权架构上市的公司,应当在其股票名称中标注"**W**",以此作为不同投票权股的标记。[127]

(六)其他特殊监管措施

为了尽可能充分保护其他非受益股权的权益,香港联交所还规定:(1)采用差异化表决权结构的上市公司应当设立企业管治委员会,负责监督不同投票权架构的运行情况,就不同投票权股东之间的利益冲突及时向董事会建议,还有权就合规顾问的选任和罢免向董事会建议。[128](2)企业管治委员会的全部成员,应当由独立的非执行董事构成。[129](3)采用差异化表决权结构的公司自上市之日起,必须常设合规顾问。[130]

三、启示

"一股一票"原则一直被香港联交所视为保护投资者的基石,但是随着经济发展,这一原则已经成了制度创新的阻碍。时任香港投资基金公会主席的柏智伟对差异化表决权结构曾表示忧虑,他认为资本市场对这种差异化表决权结构的接受,会降低对公司治理标准的要求。而时任香港证券交易所执行总裁的李小加则认

---

[125]　同前注[110],8A.37、8A.39—41。

[126]　同前注[110],8A.38。

[127]　同前注[110],8A.42。

[128]　同前注[110],8A.30。

[129]　同前注[110],8A.31。

[130]　同前注[110],8A.33。

为,在新经济产业公司中,创始人及其团队通过差异化表决权安排掌握了公司的控制地位,如果投资者认为这种表决权安排不合理,可以自行选择是否对这种类型的公司进行投资。

为了保护不同投票权架构中非受益股东的权益,香港联交所作出了一系列的限制,首先,将差异化表决权架构的适用主体限定在高速发展且已经取得一定成就的创新产业公司,尽管对于一些传统产业的公司而言,不同投票权架构可能也是有益的,但是这种限制有助于降低不同投票权架构可能带来的负面影响。其次,香港联交所将不同投票权架构的受益人限定在上市公司的董事之中,期望通过董事所负有的信义义务来解决受益股东与其他普通股东之间的冲突,但是这样可能不足以防范控制股东利用自己的优势地位,以牺牲普通股股东利益为代价谋求自身利益。再次,香港联交所为普通股东设置特殊保护制度——企业管治委员会和合规顾问,虽然有助于监督差异化表决权架构的运行,增强独立董事的独立性,但是这些制度在多大程度上能够牵制受益股东还需要在实践不断观察和反思。最后,香港联交所在其上市规则之中,并没有要求采用差异化表决权结构上市的公司必须在其公司章程之中设立“日落条款”(sunset clause),即约定不同投票权架构的使用期限,承诺在一定年限之后将此股权架构转为“一股一票”的股权架构,除非能够得到多数普通股东同意延长差异化表决权架构的决议。香港联交所之所以没有设置“日落条款”,是因为其认为,这一条款的设置将会导致在约定的日落条款执行日期到来之时,差异化表决权架构会对现有股东以及将来潜在股东造成不确定性。加之上市规则之中已经规定了加权投票权股转变为“一股一票”表决权股的特定事件,较之“日落条款”该规则更具有确定性。香港联交所的这一考虑不无道理,虽然不设置“日落条款”有助于差异化表决权架构运作的灵活性,但是让人无法信服的是特定事件的触发也并非总是具有可预见性。另外值得注意的是,香港联交所只允许在首次公开发行之前便适用了差异化股权结构的公司上市,并需要采用特别的标识使之与其他采用了"一股一票"结构的上市公司相区别,以起到向公众投资者披露与提示的作用。这种做法通常被称为事先的同股不同权。并且香港联交所禁止任何公司完成首次公开发行之后,通过其他方式(如股权重组、表决权转化等方式)转变成差异化股权结构。其背后的原因主要在于:根据有效资本市场假说理论(efficient capital market hypothesis),市场能够对公开的信息迅速作出相应的反应。如果资本市场中的投资者认为,特定公司采用了差异化表决权结构能够充分调动起经营者或者创始人的积极性,有利于公司的长远发展,那么资本市场就会对这种特殊股权结构作出良性的评价,其首次公开发行的价格也会随之升高;反之,如果资本市场认为这种特殊股权结构会对特定公司的治理带来打击,损害公众投资者的利益,那么该公司首次公开发行的价格势必会大打折扣。无论结果如何,最终的发行风险都是由该公司承担,公众投资者有自由选择的权利。但是,在事后转变为差异化表决权结构的上市公司中,公众投资者的利益难以得到保护,甚至可能会被诱骗,不得不接受有损自己利益的股权重组方案。另外,如果允许事后采用差异化表决权结构,那么会使公众投资者对其他采用了"一股一票"上市且不打算改变股权结构的公司产生动摇,从而在无形之中增加此类公司的融资成本。出于对差异化表决权结构的谨慎考量,香港联交所禁止事后的转变。总之,香港联交所为保障其他投资者的权益作出了许多积极的努力,但是上市规则中的投资者保护性条款都是针对事前保护的,由于中国香港缺乏集体诉讼等机制,对投资者的事后保护不足,对非控制股东的保护仍然是有限的。

第三节　新加坡多重投票权股份制度的历史演进

一、新加坡多重投票权股份制度变迁

新加坡的公司法一直以来秉承着"一股一票"的传统。对于公众公司而言,依据 2006 年新加坡《公司法》(The Companies Act of Singapore)第 64(1)条[Section 64(1)]的规定,公众公司对外发行的股票,每一股份仅享有一个表决权。但新加坡允许新闻报业采用多重投票权股份(Multiple Vote Shares,MV Shares),以维护新闻报业的中立性,同时为此类传媒公司吸收资金提供了便利。根据《报章与印务馆法令》的规定,将报业公司的股票分为管理股和普通股两种类型。其中管理股的持有人对公司董事成员任免可以享有 200 个投票权,而普通股对此仅享有 1 个投票权。显然掌握管理股的股东能够取得对公司的控制权。管理股在市场上的流通性受到了严重的限制,其转让必须获得部长的批准。但在经济性权利方面,管理股和普通股并无差异。对于闭锁公司而言,在 2003 年,新加坡的公司法就已经有条件地允许发行多重投票权股份。⑬⁰

2007 年,新加坡《公司法》开始寻求改革。2011 年,英国曼彻斯特联足球俱乐部(Manchester United Football Club,以下简称曼联)谋求在新加坡证券交易所上市,但希望采用差异化的表决权结构以确保格雷泽(Glazer)家族的控制权,但这对坚持上市公司"一股一票"原则的新加坡公司法造成了冲击,新加坡证券交易所认为,采用这样的股权结构设计,会使公司的控制权落入管理层的

---

⑬⁰　参见高菲:《新加坡双层股权结构立法改革及其对中国的启示》,载《广西政法管理干部学院学报》2019 年第 2 期。

手中,从而将削弱新加坡现行的公司治理体系。[132]虽然由于交易问题,最终曼联放弃在新加坡证券交易所上市,继而转战美国纽约证券交易所寻求上市,但是新加坡以此为契机,展开了对多重投票权股份制度的讨论,并将这一讨论引入了公司法改革之中。为了增强公司融资的灵活性,公司法修改指导委员会曾提议废除《公司法》第64(1)条关于"一股一票"的限制。因为第64(1)条的规定意味着上市公司无权发行多重投票权股和无表决权股。指导委员会认为应当允许上市公司发行无表决权股份和多重投票权股份。但部分反馈仍然采取保留态度,他们认为这样会对上市公司中的少数股东造成损害。然而,指导委员会的意见则是,如果对小股东的侵害被视为上市公司的问题,那么可以通过上市规则来处理。[133]历经两轮公开咨询之后,2014年10月8日新加坡国会通过《公司法》的修改议案,将2006年《公司法》第64(1)条修改为允许公众公司自由发行不同类别的股份,其中包括多重表决权股和无表决权股。但是修改后的新加坡公司法并没有规定多重投票权架构的限制性规定,也就是说,依照新加坡公司法的规定,公司可以自行决定差异化表决权股的投票比例以及差异化表决权结构的存续期限。[134]该多重投票权架构的公司法修正案直到2016年1月才正式生效。

新加坡国会指出,此次的公司法改革允许多重投票权股份的主要原因是应对公司自身融资需求的多元化,新加坡长期以来固

---

[132] 参见陈彬:《双重股权结构制度改革评析——新加坡公司法的视角》,载《证券市场导报》2016年第7期。

[133] See Walter Woon, Reforming Company Law in Singapore, Singapore Academy of Law Journal 23, 795—815(2011).

[134] 同前注[132],陈彬文。

守的"一股一票"原则可能会导致其国际金融地位的下降,因为采用差异化表决权结构的公司即使不能在新加坡上市,也会转战其他资本市场上市。加之希望通过多重投票权股份制度的建立,实现弹性化的融资模式,并激发本国科技创新企业的活力。这次的改革使新加坡的法律发展与国际保持一致,为新加坡的商业活动提供了一个便利高效的环境。

二、新加坡多重投票权股份制度监管

公司法修改指导委员会指出,对上市公司采用多重投票权结构的限制性规定以及其他的风险防范措施应该交由新加坡证券交易所在其上市规则中加以制定,而不是通过法律进行限制,这样更有助于实现公司资本管理的灵活性。2016 年 8 月 30 日,新加坡上市咨询委员会向交易所建议,允许上市公司发行多重表决权股。但是为了防止差异化表决权结构被滥用,委员会还提出一系列防范措施,以保护当前和未来股东的利益,主要包括:第一,采用差异化表决权结构申请上市的公司需要表明采用这种表决权结构的必要性,即具有强烈的理由。是否具备强烈理由,由新加坡证券交易所在具体个案中进行判断。第二,已经采用"一股一票"表决权结构上市的公司不得变更现有的股权结构,即仅能通过首次公开发行发行多重投票权股。第三,当持有高权重表决权股的股东转让其持有的高权重表决权股或者其不再担任公司管理层时,原本的高权重表决权股应当转化为"一股一票"的普通股。第四,对差异化表决权股的实施设置限制性条款,如表决权差异安排的倍数不能超过 10 倍,设置差异化表决权结构使用期限等。[133]直到 2017 年 2 月 16 日,新加坡证券交易所才发布针对多重投票权架构征询意

---

[133] 同前注[130],高菲文。

见书的回复。⑱2018年3月28日,证券交易所又提出了修改上市规则的征询意见书。最终,在同年6月26日,在经过两轮公开咨询之后,新加坡证券交易所宣布,允许采用多重投票权架构公司上市的修正案生效。⑲尽管新加坡公司对多重投票权架构相关的法律修改工作进展很快,但是新加坡证券交易所对上市规则修改的步伐却拖得很慢。新加坡立法机构与证券交易所的态度耐人寻味。

新加坡证券交易所关于多重投票权架构公司上市的约束性规则,具有以下几个特点:第一,公司只能在首次公开发行时采用多重投票权架构上市;第二,对采用多重投票权架构上市的公司并没有规定额外的准入标准,即只要上市公司符合新加坡证券交易所主板上市的一般规则即可;第三,新加坡证券交易所并没有将多重投票权架构的适用主体限定在创新型企业之中;第四,对于是否接纳多重投票权架构的公司上市,交易所的标准具有很强的主观性;第五,允许团体成为高权重表决权股东。具体而言,新加坡证券交易所对双层股权结构设置的制度框架主要包括以下四个方面。

1.多重投票权架构公司上市的准入条件。对上市公司采用多重投票权架构的可行性的判断主要考虑以下标准:(1)商业规划是否具有谋求快速成长的长期规划;(2)公司以往的业绩情况;(3)持有高权重表决权的股东或者团体对公司的贡献价值;(4)是否存在经验

---

⑱　See "Responses to Comments on Consultation Paper, Proposed Listing Framework for Dual Class Share Structures", SGX, last modified February 16, 2017, https://api2.sgx.com/sites/default/files/Responses%2Bto%2BFeedback%2Bon%2BDCS%2BConsultation%2BPaper.pdf.

⑲　See "Mainboard Rules, Chapter 7 Continuing Obligations, Part X Dual Class Share Structure—Continuing Listing Obligations", SGX, last modified June 26, 2018, http://rulebook.sgx.com/rulebook/part-x-dual-class-share-structure-continuing-listing-obligations.

丰富的投资者参与投资;(5)如果享有高权重表决权的持股主体是实体法人,那么还需要考察,该实体法人是采用公司形式还是信托形式以维护该实体内部结构的稳定性;(6)其他特殊性要求。新加坡证券交易所还对高权重表决权股设置了禁售期,持有高权重表决权股的股东在公司上市之后 12 个月以内不得转让其全部股份,其中包括"一股一票"的普通股。2.对多重投票权架构的限制。其中包括表决权最大差异不得超过 10∶1 的比例;已经采用"一股一票"表决权结构上市的公司不得转化为差异化表决权结构公司;在多重投票权架构的公司中,并非所有持有高权重表决权的股东均需担任董事一职,只要委任其中一名享有高权重表决权的股东成为董事即可,若存在集团持有高权重表决权股的情况,则必须保证一名董事被该团体提名并任命,且公司需阐明该团体的范围,并不得再次扩大该范围;以及对高权重表决权股的转化予以限制。3.其他股东权益的保护措施。主要包括对董事会中各个委员会独立性的要求;以及规定了对特定事项的表决恢复"一股一票"的情形。4.对信息披露的特殊要求。采用多重投票权架构上市的公司必须在其招股说明书中注明其股权结构详情(包括高权重表决权持有人的详细信息)、多重投票权架构的相关风险和对普通股东的影响;公司采用多重投票权架构的合理性;以及公司章程或其他组织文件中对多重投票权架构的规定等。⑬

　　值得注意的是,曾经在第一稿多重投票权架构建议中提到的日落条款和燕尾条款(coat-tail provision)最终均未出现在修改后的上市规则之中。新加坡公司法在修订过程中,曾有专家提出在法律中加入该条款,但最终被立法者排除,原因在于立法者认为确

---

⑬　参见夏雯雯:《新加坡上市公司双层股权结构限制性条款研究》,载《金融市场研究》2018 年第 11 期。

立多重投票权制度的目的在于给予上市公司资本结构更大的灵活性，比起法律强制规定公司资本结构而言，公司的股东才是决定是否采用日落条款的最佳决策者。新加坡证券交易所出于同样的考虑，并且其在上市规则中已经规定高权重表决权股自动转化为"一股一票"的情形，因此最终并未采纳这一规则。至于燕尾条款，新加坡证券交易所认为应当由《收购守则》(Take Over Code)收录该规则更为恰当，因此最终也未将此条规则收录入修改后的上市规则之中。

三、启示

随着中国产业结构调整升级，创新力已经逐渐成为经济发展的主要驱动力。企业融资难的问题需要灵活的资本结构加以应对。加之中国资本市场不断扩大，面临的竞争也愈发激烈，而众多优秀的科创企业受限于不能通过差异化表决权结构上市融资，纷纷出走境外上市。留住优秀的科创公司在境内上市已经成为一项迫切的任务。中国对差异化表决权制度的构建和完善也势在必行。现阶段中国的差异化表决权制度的适用空间仍然受限，仅限于在科创板和创业板上市的公司，目前主板市场仍然不允许上市公司采用差异化表决权结构，并且可以采用差异化表决权结构的公司类型仅限于科技创新型企业，制度适用受到很大限制。而新加坡此次差异化表决权制度改革允许在主板上市的公司采用差异化表决权结构，并且没有将其局限在科技创新型经济领域，赋予了公司股权融资的最大灵活性。待中国资本市场逐渐成熟之后，也应当逐步取消差异化表决权结构的适用限制，实现渐进式的改革。另外，新加坡的差异化表决权结构改革实现了公司法与证券交易所规则之间的协调。在公司法律层面上为差异化表决权结构公司上市提供了法律依据，通过证券交易所的上市规则，进一步细化差异化表决权制度规则。中国现行《公司法》第131条限制了公司采用差异化表决权结构上市,应当先承认差异化表决权结构的法律地位,然后再由证券交易所制定实施细则。目前中国公司法中尚未修改关于"一股一票"的规定,国务院也未发布相关文件对差异化股权结构予以认可,而是直接交由科创板和创业板的上市规则对差异化表决权结构进行规定,这使得差异化表决权结构的合法性受到质疑。最后,应当强化对非控制股东的保护。中国目前仍然是以"散户"为主,小股东通常对差异化表决权结构的风险认识不足,但中国对股东救济方面仍显疲软,虽然对差异化表决权结构的适用作出了诸多限制,但是在独立董事监督方面以及信息披露方面中国仍然可以向新加坡的相关规定进行借鉴,不断完善和加强投资者保护。

第四节　日本单元股制度的历史演进

一、日本单元股制度变迁

以美国为代表的差异化表决权制度允许公司单独创建一类高权重表决权普通股,但是日本《公司法》不允许创立这种单独的高权重表决权股类别。在日本,差异化表决权的构建是通过单元股制度(unit share system)的方式来实现的,而非通过赋予股东每股高权重表决权的方式。

日本《公司法》中,仍然以每一股份享有同样的权利内容为基本原则,也就是说,每一股份之上仅仅附有一个表决权但是允许公司在一定范围和条件之下,通过章程对股份内容设置特别规定。如公司章程可以规定发行权利内容不同的种类股。在发行两种以上不同种类股票的情况下,日本公司法理论将"一股一票"的标准股票称之为"普通股"(但是这一称呼并未出现在日本公司法中)。

东京大学教授神田秀树（Hideki Kanda）将普通股定义为：在公司章程中未作出任何特别规定的股票。通常情况下，普通股的权利内容相同，除非法律有特别规定的例外情形，公司章程不得对其权利内容作出差别规定，均由公司法规范。[139]

2001 年日本开始推行单元股制度，拥有大量股东的公司可以通过单元股制度减低管理股东的行政成本。然而，单元股制度为差异化表决权结构打开了大门，因为它可以为每一类股票的表决权设置大小不同的单元。2014 年在东京证券交易所上市的 Cyberdyne 公司发行了单元股，该公司被授权发行两个组别的单元股：A 组单元股和 B 组单元股。这两组单元股票的股东对清算时的股息及其分配享有同样的权利。但公司章程规定，A 组以 100 股普通股作为一个单元，B 组以 10 股普通股作为一个单元。每个单元的股票享有一个表决权。因此，当他们持有相同数量的股份时，考虑到不同的单元规模，B 组单元股的股东享有的表决权将是 A 组单元股股东表决权的 10 倍。具体而言，该公司上市后，A 组单元股共包括 10 853 400 股普通股，而 B 组单元股共包括 7 770 000 股。由于股份单元大小不同，A 组单元股股东共有 108 534 个投票权，B 组单元股股东共有 777 000 个投票权。因此，B 组单元股的股东共持有全部流通股份的 41.7%，但却能够享有 87.7% 的表决权。B 组单元股仅由该公司的创立者兼首席执行官——筑波大学教授三阶吉行（Yoshiyuki Sankai）持有，但该单元的股份流通受到限制，A 组单元股则在东京证券交易所上市交易。[140]最终，三阶吉行教授凭

---

⑬　同前注⑧，神田秀树书，第 141—142 页。

⑭　See " Cyberdyne's dual-class IPO ", Koji Toshima, last modified December 9, 2014, https://www. iflr1000. com/newsandanalysis/cyberdynEs-dual-class-lpo/index/1662.

借43%的出资份额获得了87%的表决权,实现了对 Cyberdyne 公司的实际控制。⑭

　　Cyberdyne 公司采用单元股制度的原因是希望通过保持三阶吉行的业务参与来提高公司价值。公司混合辅助肢体(HAL)的革命性技术主要是由三阶吉行开发的,为了公司和股东的最大利益,他对业务的持续承诺是必要的。正是基于这一理由,Cyberdyne 公司的单元股制度不仅被投资者接受,而且获得了东京证券交易所的上市批准。事实上,在 Cyberdyne 公司上市后,东京证券交易所修改了其规则,要求采用单元股制度的公司提供制度的必要性和适当性说明。此后,日本丰田汽车(Toyota Motor)在2015年6月召开股东大会,决定也发行单元制股份。⑭日本公司法承认这种制度的宗旨在于,在特定条件和范围内,通过承认股份的多样性,使股份公司能够以更加多样化和更加便利的方式进行股权融资,并使股份公司的控制关系更加灵活。单元股作为种类股的一种是调整公司出资关系和控制关系的主要手段。

　　二、日本单元股制度监管

　　虽然在2008年以前,东京证券交易所没有任何关于禁止差异化表决权设置的规定,但是在实际操作中,东京证券交易所此前却从未允许任何一家上市公司采用差异化表决权结构。唯一例外采用非"一股一票"结构上市的公司是国际石油开发帝石公司(INPEX 公司),这是一家私有化的石油公司,日本政府作为该公司的股东拥有一票否决权,即所谓的"黄金股",但是黄金股制度并不同于差异化表决权结构,其差异已经在本书的第一章进行了区

---

　　⑭　参见朱慈蕴、〔日〕神作裕之、谢段磊:《差异化表决制度的引入与控制权约束机制的创新》,载《清华法学》2019年第2期。
　　⑭　同前注⑧,神田秀树书,第143页。

分。20 世纪中期,由于出现了大量的敌意收购,上市公司开始关注反收购措施,东京证券交易所经过两年的论证,于 2008 年修订了上市规则,放宽了对单元股制度的适用。该修正案不允许已经上市的公司发行任何差异化表决权股,只允许公司在首次公开发行时使用单元股制度。

此外,与美国不同的是,东京证券交易所的规则对单元股制度设定了许多要求。

1. 设置了"打破规则"(breakthrough rule)和"日落条款"。根据东京证券交易所的规定,"打破规则"是指当收购方持有的被收购方所有已发行股份达到一定比例后,那么单元股制度中的高投票权股组将转换为低投票权股组。⑬根据 Cyberdyne 公司的章程规定,如果要约人在要约收购后,持有全部已发行股份的 75% 或以上,则 B 组单元股的表决权股票将自动转换为与 A 组单元股具有同等的表决效力。在计算该持股比例时,A 组单元股和 B 组单元股均被同等计算。这一规则借鉴了《欧盟收购指令》⑭第 11 条的规定,设置这一规定的目的在于:防止单元股制度所导致的风险承担和控制权之间的过度失衡。有趣的是,该规则在日本已经成功实施,而大多数欧盟成员国却没有采用这一规则。⑮

除了"打破规则"以外,Cyberdyne 公司的章程包含了"日落条款"。2014 年的东京证券交易所修正案将日落条款设定为强制性

---

⑬　参见林海、常铮:《境外资本市场差异化表决权监管路径探究及启示》,载《证券法苑》2018 年第 1 期。

⑭　即《关于收购要约的第 2004/25/EC 号指令》(Directive 2004/25/EC of the European Parliament and of the Council of 21 April 2004 on takeover bids),该指令第 11 条规定了"打破规则",但是依据该指令第 12 条的规定,允许成员国排除适用第 11 条规则,因此大多数欧盟成员国并没有采用该规则。

⑮　同前注⑬,保罗·戴维斯等书,第 1037 页。

条款。如果设置单元股制度的必要性不复存在，那么高表决权组的股票将自动转化为普通股。虽然在 2008 年的东京证券交易所修正案中，采用单元股制度的上市公司要么选择一个打破规则，要么选择一个日落条款，但是在 2014 年的修正案中，两个规则都必须存在。⑭⑥以 Cyberdyne 公司为例，日本的日落条款具体规定如下：如果三阶吉行不再担任该公司的高级管理人员，那么该公司需要向所有组别的股东确认，是否有继续采用单元股制度的意向；在三阶吉行退休之后，每五年也需要向全体股东确认意向。就该意向的确认，所有股东享有同等表决权。如果有三分之二出席意向确认程序的股东（包括所有种类的股东）同意将单元股制度转换为传统"一股一票"的股权结构，则 B 组单元股的表决权将恢复至与 A 组单元股相同的表决权，但前提是至少三分之一持有流通股的股东明确表示希望转换。日落条款的设定是为防止 B 组单元股持有人的行为与其他非控制股东的预期不符。

2. 单元股制度中的高表决权组股份的转化。根据东京证券交易所的规定，如果将单元股中高表决权组的股份转让给第三人，则高表决权组的股份将转换为低表决权组股份。当高表决权组的股东去世时，高表决权组的股份也将转化为低表决权组的股份。虽然美国的差异化表决权的相关规则没有明确要求高权重表决权股份的转化，但是许多采用差异化表决权结构上市的公司的章程中有类似条款。东京证券交易所将这种转换性的限制作为强制性要求引入了规则之中。

3. 对非控制股东的保护。在日本公司的控制股东对其他股东并不承担信义义务。因此，为了保护非控制股东的利益，东京证券

---

⑭⑥　同前注⑬⑦。

交易所要求采用单元股制度的公司设置防止利益冲突的内部规则,如听取与公司管理层无利害关系的第三方的独立意见。此外,日本公司法也为非控制股东提供了保护。日本公司法规定了类别股东大会,如果某些公司行为有可能对某一特定类别的股东造成损害,那么公司就必须获得某一类别股东大会的批准。修改公司章程、股份分割或反向股份分割、配股和合并或其他类型的重组等需要获得全体股东的批准。但股东分类表决可能会限制单元股制度的价值,倘若取消又不利于非控制股东保护,因此东京证券交易所要求采用单元股制度的公司对非控制股东提供替代性保护措施。

2014年7月,东京证券交易所再次修订了上市规则。虽然2014年的修正案并不适用于 Cyberdyne 公司的首次公开发行,但却是在详细审查 Cyberdyne 公司上市过程中发现的上市规则应当包含的内容。2014年修正案要求:(1)说明使用单元股制度的必要性和适当性。首先,必须是从股东共同利益的角度来看,单元股结构是必要的,如为了确保某个人能够持续参与公司业务;其次,要说明该结构的适用能够实现上述目的。这一修正案表明,并非所有符合2008年东京证券交易所制定的有关单元股制度要求的公司都可以使用单元股结构。根据2014年的修正案,东京证券交易所将从股东共同利益的角度出发,决定是否有必要采用单元股结构。(2)引入第三方听证制度。当持有 B 组单元股的控制股东作出重大性经营决策时,公司需要聘请独立的第三方专业机构对该重大决策举行听证,公司需听取独立第三方的听证意见方能作出决策。

三、启示

虽然日本公司法并没有对差异化表决权结构作出直接规定,

但是其对单元股的规定实现了差异化表决权安排,东京证券交易
所虽然接纳了采用差异化表决权安排的公司上市,但是出于对非
控制股东的保护,仍然对单元股制度抱有审慎的态度。对差异化
表决权结构的争论从未停息,东京证券交易所新的上市规则的适
用情况还有待观察。尽管复杂的单元股的模式并不适合中国,但
是日本在规范单元股以防止控制股东侵害其他股东权益方面仍有
值得借鉴的地方,如对高权重表决权单元股的发行总量进行限制、
为了公司控制权市场的流通而设置打破规则等。东京证券交易所
对单元股公司上市的谨慎的审查态度也值得中国学习:其对单元
股公司制定强制性规则以保障非控制股东利益,同时允许公司在
保障非控制股东利益方面作出创新。虽然这种强制性规定在一定
程度上破坏了差异化表决权的灵活性,但是东京证券交易所极其
注重对非控制股东保护的态度值得肯定,只有加强对投资者保护
才能使促使证券交易所进入良性竞争。

第五节　欧洲差异化表决权制度的历史演进

一、英国

英国的公司法模式相较于美国而言,更强调平等,股东处于相
对强势的地位,而美国的公司法模式则更注重自由,强调尊重公司
章程自治,并将股东定位于旁观者的地位。[14]这进一步导致两国对
差异化表决权结构的不同态度。

（一）英国对“一股一票”原则的背离

早期的英国公司法理论认为,股东的表决权、分红权以及纯资
本的经济利益之间可以相互分离,表决权的平等性体现在公司的

---

[14]　参见[美]克里斯多夫·M.布鲁纳:《普通法世界的公司治理:股东权力的
政治基础》,林少伟译,法律出版社 2016 年版,第 26—40 页。

成员之间而非股票,这一观点在英国《1845 年公司条款法》(Companies Clause Act 1845)第 75 条有所体现。随后逐渐发展出表决权平等的观念。1962 年,负责英国公司法改革的詹金斯委员会(Jenkins Committee)曾经考虑仅在公司法中引入禁止公司发行无表决权或者限制表决权股票的条款,但是这一提议遭到了大多数成员的反对,他们认为这样做是对契约自由的不当干涉。因此最终在英国并没有强制性的法律规范限制公司的表决权安排,公司可以自由发行不同类别的股票,其中包括赋予不同股票类别不同的表决权,也就是说,公司既可以发行不含表决权的股票,也可以发行限制表决权的股票以及高权重表决权的股票。[148]

尽管英国对拆分股票上所负有的权力这一做法充满争议,但是很长一段时间内,普遍认为除非在初始的公司章程中约定了表决权事项,否则所有的股票均享有同等的待遇,并且随后不得修改公司章程,以免公司新发行的股份待遇优于已发行股份的待遇。但是,这一观点在 1897 年的安德鲁斯诉煤气表公司案(Andrews v. Gas Meter Co.)中被推翻。[149]最终法院认为,尽管公司最初在章程中约定仅有一个股票类别,但是公司之后可以通过修改公司章程的方式发行另一类股票,且新发行的股票所享有的权利可以在一定程度上优于已发行股票的权利。因此,理论上讲,在英国可以通过新发行股票的形式发行无数种类别的股票。但是通常对于上市公司而言,它们不会发行太多种类的股票以至于将自己的股权结构变得过于复杂,较为常见的仍然是设置两类到三类不同的股票。在英国,征得公司中四分之三股东的同意即可发行差异化表

---

[148] 同前注⑱,保罗·戴维斯等书,第 846—848 页。

[149] See Andrews v. Gas Meter Co. Ltd.(1897)1 Ch.361,CA.

决权股票。⑮⓪

直到 20 世纪 60 年代中期,英国差异化表决权结构曾经风靡一时。但是在此之后,由于机构投资者广泛参与公司治理,并积极寻求偏向股东的公司法和公司治理标准,致使差异化表决权结构公司的发行量降低。⑮①近年来,差异化表决权结构的适用在英国发生了转机。2017 年 1 月,英国政府发布政策绿皮书(Building Our Industrial Strategy Green Paper)建议修改上市规则,使采用差异化表决权结构的公司能更便利地在英国上市,以此促进高成长性能的创新产业的发展。随后,同年 2 月,英国的金融行为监管局(The Financial Conduct Authority,FCA)发布咨询文件,就科技创新型公司在成长期如何融资以及如何调整上市规则有助于资本市场的长期发展等议题公开征询意见。⑮②

(二)英国的监管措施

多年来,在机构投资者的大力推动下,英国一直支持"一股一票"的股权架构。尽管英国《2006 年公司法》第 284(4)条⑮③规定,"一股一票"被视为投票权的默认规则,但是允许公司退出该规则的适用。伦敦证券交易所仍然以鼓励上市公司采用默认的表决权规则为主,希望通过加强股东权益保护的方式,吸引更多的国际投资者参与。目前伦敦证券交易所仅允许在部分板块中,有限地使用差异化表决权结构。具体而言,英国的伦敦证券交易所将主板市场分为高级上市(Premium Listing)和标准上市(Standard

---

⑮⓪ 同前注⑱,保罗·戴维斯等书,第 849 页。

⑮① See Kristian Rydqvist, Dual-class Shares: A Review, Oxford Review of Economic Policy 8,45(1992).

⑮② 参见朱德芳:《双层股权结构之分析——以上市柜公司为核心》,载《月旦法学杂志》2018 年第 3 期。

⑮③ See UK Companies Act 2006 § 284(4).

Listing)两个不同的类型。其中,采用高级上市标准的公司,其信息披露规制也更加严苛。而标准上市规则适用欧盟的最低标准。依照 2014 年修订的伦敦证券交易所《上市规则》的规定,采用差异化表决权结构的公司仅能适用标准上市。[154]实际上,上市公司也很少采用差异化股权结构上市,因为机构投资者一直以来对这种表决权与财务风险脱钩的股权架构不感兴趣。[155]在英国,对于上市公司使用差异化表决权结构的解决办法,主要依赖于上市的力量,而非法律制度的监管。[156]

二、欧盟

欧盟一直试图建立一套有效的一体化市场,但是这一愿景与欧盟成员国渴望推动本国经济发展,保持国家对本国经济体制控制力之间存在矛盾,因此在许多立法和措施中都能看到保护主义的复苏。欧盟曾经一度希望在成员国之中推动"一股一票"的强制法规定,以消灭跨境投资的阻碍。但是 2007 年,欧盟最终放弃了这一计划。欧盟成员国由于公司管理信念的不同、市场压力的不同以及企业接管可能性的不同等方面,对控制权和表决权之间的关系有着不同的回答。尤其是金融危机之后,各国保护主义的行

---

[154] See "London Stock Exchange, Listing Regime, U. K. Listing Rule 7.2.1A, Premium Listing Principles 3&4", London Stock Exchange, last modified September 26, 2020, http://www.londonstockexchange.com/companies-and-advisors/main-market/companies/primary-and-secondary-listing/listing-categories.htm.

[155] See Main Board Listing Rule 8.11 and GEM Listing Rule 11.25(新申请人的股本不得包括拟议投票权与全额支付 B 股时该等股份的股权没有合理关系的股份。交易所不会准备将上市发行人发行的任何新 B 股上市,亦不会允许上市发行人发行任何新 B 股,不论该等股票是否拟在联交所或任何其他证券交易所上市,以下情况除外:(1)交易所同意的特殊情况;或者(2)就已发行 B 股的上市公司而言,再次发行 B 股时,在所有方面均与此前发行的 B 股相同,前提是已发行的 B 股总数与进一步发行前已发行的其他有表决权股份总数的比例基本相同)。

[156] 同前注[43],韦罗妮克·马尼耶书,第 152—160 页。

动促使偏离"一股一票"原则的观点愈发活跃。⑰

现实中欧盟成员国背离"一股一票"原则的现象十分普遍。其中偏离"一股一票"原则最普遍的国家主要有法国、瑞典、西班牙、匈牙利和比利时。差异化表决权结构有助于股东进行长期投资，从而实现更加稳定的经济环境。以法国为例，其差异化表决权结构的适用取决于持股周期，根据法国《商业守则》第 L225-123 条，如果股东持股时间超过两年，则其每股可享有两个表决权，又被称为"忠实股"。法国通过这样的方式来鼓励股东进行长期可持续的投资，抑制短期持股行为。但是当"忠实股"被转让给他人时，根据该守则第 L225-124 条的规定，该股享有的多数表决权将消失。同时，该守则还明确规定，除"忠实股"可以享有高权重表决权以外，不得创设其他"一股多票"的股份，且每股必须享有一个表决权。⑱

但是仍然有成员国严守"一股一票"原则，如德国。德国对差异化表决权结构的态度经历了从允许到限制再到禁止的过程。20 世纪 20 年代，德国曾过度使用差异化表决权结构，导致股东滥用权利和管理层攫取私利的情况严重，因此立法者在 1937 年规定，差异化表决权的使用必须经主管部门批准。最终于 1998 年通过法律废止了差异化表决权制度，即德国禁止发行高权重表决权股或者无表决权股。2002 年，德国《公司治理准则》在第 2.1 条进一步对 1998 年德国公司法改革予以支持，规定原则上公司应当适用"一股一票"规则，不能设置差异化表决权结构、黄金股以及最大化投票权等。⑲

---

⑰ 同前注㊸，韦罗妮克·马尼耶书，第 144—146 页。

⑱ 参见傅穹、杨金慧：《不同投票权制度：争议中的胜出者》，载《证券法苑》2018 年第 2 期。

⑲ 参见安邦坤：《审慎推动双重股权结构公司上市》，载《中国金融》2018 年第 4 期。

三、启示

从欧洲各国对差异化表决权结构的态度可以看出,"一股一票"原则并非一成不变,而是随着时间历经数次改革。是否允许差异化表决权结构取决于多种因素,有的是受资本市场对差异化表决权结构接受程度的影响,有的是通过立法对这一股权结构进行干预,还有的是通过上市规则的改变来影响其使用。从历史的角度出发,我们大致可以发现,立法者和证券交易所在规则制定上似乎更偏爱"一股一票"的股权架构,但是基于公司的自由决策的考量,则更可能会偏离这一股权结构的设定。当公司控制权强化机制被滥用时,监管就会出面进行强制干预,如德国出于防止控制权被滥用的考虑,禁止了差异化表决权制度。但是当差异化表决权结构使市场更具有活力时,监管者可能会放松对其管制。是否允许差异化表决权结构存在,始终是一个动态变化的过程。

对于欧盟而言,"一股一票"的表决权结构有助于成员国之间的跨境投资,这种均衡的股权结构便于成员国的投资者在欧盟其他国家设立的公司中获得控制权。但是差异化表决权结构有利于长期投资计划,同时也体现了对股东之间契约自由的尊重,还满足了欧盟成员国对贸易保护主义的需求,尽管贸易保护并不总是有益的。背离"一股一票"原则的适当性依旧备受争议,但是面对新的发展,对这一原则的背离并非总是无益。差异化表决权结构的适用,需要立法和行业自律制度的矫正和干预。

第三章
差异化表决权结构的内生缺陷及回应

尽管差异化表决权结构有其独特的制度需求以及内在价值，但是仍有诸多学者对差异化表决权结构颇有微词，主要原因在于这种股权结构致使股东的投票权和收益权不成比例，投票权被集中到公司内部人手中，但是内部人的持股比例却要比传统的"一股一票"结构下所持有的股票比例小得多。这种情况下，将存在以下风险：在表决权上享有控制地位的股东，并不必然在公司资本方面拥有控制地位，这类控制股东将以牺牲其他股东，甚至是公司中的主要出资者的利益为代价，在公司经营过程中从事过度冒险的行为。对此差异化表决权结构的争论核心围绕以下三个问题：第一，公司发行不同表决权股份是否会影响上市公司的代理成本；第二，差异化表决权结构是否会导致股东之间的不平等；第三，现有的市场功能，能否确保差异化表决权结构上市公司交易的公平性和高效性。有学者以公司契约理论和市场调节理论为基础对差异化表决权结构进行辩护，他们指出发行人、投资人以及经营者会结合自身利益进行判断，从而决定是否签订协议组成差异化表决权结构公司。费希尔教授曾经指出，资本市场之间存在竞争，因此会促使各个交易系统尽可能地满足不同上市公司的融资需求。但是,各个交易系统也不会盲目满足上市公司的需求而制定出损害投资者利益的规则,毕竟,只有保护好投资者的利益,各交易系统才有可能在竞争中立于不败之地。以下内容将结合公司治理的内部机制和外部监督机制探析差异化表决权结构存在争议的原因,并对此作出回应。

第一节　差异化表决权结构加剧了代理成本

一、代理成本的内涵

"代理成本"问题是由詹森(Jensen)和麦克林(Meckling)提出的,是指现代公司中所有权与控制权分离背景之下,股东与管理层之间存在潜在的利益分歧。这种分歧一方面源于管理层对自身福利的追求(如奢华的办公设施等在职福利),另一方面则源于管理者可能在工作中的懈怠。管理层对私人利益的追求会导致他们在决策过程中未必总是谋求公司利益最大化或者与所有者偏好保持一致,即产生"代理问题"。代理问题在公司中主要体现为以下几个方面:首先,公司股东与管理层之间的利益冲突。股东将公司交由管理者打理,那么如何激励管理者为股东利益行事,成为降低这种代理成本的核心。其次,享有公司控制权的股东与其他小股东或者非控制股东之间的利益冲突,即部分公司所有者能够控制股东会的集体决策,就会产生此类问题。在这种冲突中,可以将小股东或者其他非控制股东视为委托人,而享有公司控制力的股东则可以视为是其他股东的代理人。降低此类代理成本的核心在于避免享有控制权的股东欺压或者剥削其他股东。最后,公司本身,尤其是公司的所有者,与公司利益相关人(例如公司的债权人、员工以及顾客等)之间的利益冲突。如何防止公司的机会主义行动,成为保护作为委托人一方的公司利益相关人的核心问题。[160]为了防止上述问题的产生，有必要花费时间和精力去制定一套制度，以防止公司经营者与所有者之间的利益偏差，即降低"代理成本"。

在产权理论视角下，剩余索取权常常与剩余控制权对等，反之则容易产生套牢问题。因此传统的经济理论将"一股一票"的比例投票制视为最小化代理成本的重要机制。但是在差异化表决权结构中，剩余索取权与剩余控制权并非一一相对，尤其是在信息不对称、股权分散以及集体行动困境等因素之下，在差异化表决权结构中，掌握公司控制权的特别表决权股东的自利行为可能会更加严重。由此，差异化表决权结构会带来一系列的低效情形，从而导致公司代理成本增加。

二、特别表决权持有人的特殊性加剧道德风险

基于差异化表决权结构的特性，一则，特别表决权持有人的控制权与剩余索取权不对等，这样就会导致特别表决权持有人享有高权重的表决权，但却无须为此付出完全等价的经济性利益。二则，差异化表决权结构将多数表决权集中到了特别表决权股持有人手中，由此形成了控制权集中，特别表决权股的持有人甚至可以左右股东大会决议的形成，但是过度集中的控制权会导致公司内部各个机构之间分权制衡不充分，难以实现独立治理的效果。[161]具体而言表现为以下两方面：股东大会监督功能的削弱和董事会监督功能的削弱。一方面，由于特别表决权股东享有高权重表决权，因此其他股东难以通过股东大会阻止特别表决权股东主导的股东

---

[160]　参见[美]莱纳·克拉克曼、[美]亨利·汉斯曼等：《公司法的剖析：比较与功能的视角》（第二版），罗培新译，法律出版社 2012 年版。

[161]　参见赵旭东：《公司治理中的控股股东及其法律规制》，载《法学研究》2020 年第 4 期。

会决议的通过。特别表决权持有人将公司控制权牢牢掌握在自己手中,导致表决权的外部监督机制也将随之失效。当公司变得低效时,面对敌意收购公司难以实现控制权变更,失去外部威胁力的公司管理层便可高枕无忧,不再需要畏惧股东"用脚投票"带来的不利后果。[162]控制权市场的失灵使得公司的外部人难以通过在资本市场中收集股权或者争取投票代理权的方式,实现接管或者更换不良管理层的目的,股东大会对公司管理层的监督功能大打折扣。另一方面,差异化表决权结构使得企业家有能力决定公司董事会成员的选任,他们绝不会轻易放弃这种控制权。企业家们常常将自己选任为董事,使得自己具有"特别表决权股东"与"董事"的双重身份;或者选任自己的代理人进入董事会,继而通过对董事会的控制获得管理公司运营的机会,这将导致董事会独立性的丧失。即便特别表决权股东不以董事身份行事,其也能够利用自己在公司中的控制力向自己输送利益,诸如主导股东会决议批准高额的董事或者监事的薪酬,以此等方式在潜移默化中掏空公司资产。当董事会及其任命的管理层效率低下时,非控制股东将难以撤换现有的公司管理层,即使这些非控制股东拥有大部分的公司资本权益也难以做到,因此会导致采用差异化表决权结构的公司内部监督机制失灵。[163]相较于"一股一票"结构下的控制股东而言,特别表决权股东的道德风险会更高。

三、特别表决权持有人与其他股东之间的利益冲突

股东之间的利益冲突源于对公司控制权的争夺。公司控制权

[162] See Tian Wen, You Can't Sell Your Firm and Own it Too: Disallowing Dual-class Stock Companies from Listing on the Securities Exchanges, University of Pennsylvania Law Review 162, 1496—1516(2014).

[163] 同前注[12],Joel Seligman 书,第 721—722 页。

作为基于所有权派生出来的经济性权益,意味着合法拥有以及支配公司有限资源的权力。特别表决权持有人尽管并不拥有完整的所有者权益,但是他们却仍然能够凭借附着于特别表决权股之上的高权重表决权对股东大会的决议产生决定性影响,作出有利于自己的决策,而忽视其他股东的声音。在这种情形下,当存在利益分歧时,公司内部很容易形成以特别表决权股持有人为主导的利益集团与任由摆布的其他非控制股东之间的对立阵营。具体而言,在采用差异化表决权结构的公司中,持有高权重表决权的内部人(通常为创始人及其管理团队)掌控着公司的实际运作,控制人的表决权高于其股权收益,即投票权与剩余索取权不匹配,那么决策者所付出的努力将无法得到与其投票权相对等的股权收益,即使其积极作出改善公司处境的明智决定,也无法获得其作出这种明智决定应当获得的激励;同样,他们也无需按照投票权的权重承担可能造成的损失,这就造成了资本投入与回报失衡,以及权力和责任的不匹配。同时在机会主义的影响下,差异化表决权结构下的控制股东更加有可能从事冒险行为,甚至会以牺牲其他人的利益为代价去谋求利益,因为创始人普遍被认为更偏好风险,[164]在决策中更倾向于从事高风险的活动。总之,在差异化表决权结构公司中,一方面,拥有高权重表决权的公司控制人并不享有与之相对应的经济性权利,这将造成公司控制人缺乏动力积极有效运营公司资产,因为积极运营所得的绝大多数收益将归属持有低权重表决权股的股东,将进一步造成持有高权重表决权的内部人的激励机制失效,导致高权重表决权股东不会过多投入时间和精力去实

---

⑯　See Brian J.M. Quinn, Putting Your Money Where Your Mouth Is: The Performance of Earnouts in Corporate Acquisitions, University of Cincinnati Law Review 81, 127(2012).

现公司利益最大化。另一方面,低权重表决权股东也缺乏积极运营公司的动机,因为如果他们想要实施运营某种方案,就必须获得高权重表决权股东的支持。[165]公司由此形成的偷懒作风,将在总体上减少该公司的投资价值,并且,公司内部人拥有的高权重表决权与其剩余索取权之间鸿沟可能随着时间推移而增加。随着这一鸿沟的扩大,特别表决权股持有人与其他股东之间的利益将进一步分化,特别表决权股东作出损害其他股东行为的风险也在增加。[166]

四、特别表决权持有人与公司之间的利益冲突

商事公司设立的初始目的即在于盈利,尤其是上市公司,作为资合的主体,其核心在于追求经济利益,即营利性。尽管差异化表决权结构中的特别表决权股享有高权重的表决权,但是其在公司利润分配方面仍然与"一股一票"表决权结构下的普通股相同,即依照股东的持股比例获得收益。然而,由于特别表决权持有人在公司中处于控制地位,他们作为一个理性的经济人,不仅有动机而且也有能力追求自身利益的最大化,进而可能影响公司收益在特别表决权股东和其他股东之间的公平分配。尤其是当特别表决权持有人可以通过较低的成本获得对公司的控制力时,他们更有可能作出向自己输送利益的决策。

特别表决权持有人与公司之间的利益冲突可以表现为多种形式,其中最为典型的表现为关联交易。特别表决权持有人通过关联交易侵占公司利益的行为通常分为以下几种情形:第一种情形可以表现为特别表决权持有人利用其对公司的控制力,通过将公司资产转让或者租赁给自己的方式,实现对公司利益的侵占,为自

---

[165]　同前注⑨,罗伯塔·罗曼诺书,第27页。
[166]　同前注⑩,Lucian A. Bebchuck 等文。

94

己提供便利。第二种情形可以表现为特别表决权持有人利用其控制力,通过与公司签订原材料供应或者商品买卖合同等形式,向自己输送利益。第三种情形可以表现为特别表决权持有人通过其"双重身份"促使股东会通过管理层高昂的薪酬决议实现利益输送。第四种情形还可以表现为特别表决权股东通过与公司之间的借贷关系形成利益输送等。特别表决权持有人通过其享有的控制力从公司向自己输送利益的形式包括但并不仅仅限于上述情形,但是无论是何种侵占公司利益的形式,都是特别表决权持有人基于其在重大事项决议上享有的表决权优势,因此相较于其他股东而言,特别表决权持有人显然更有寻租的动力。而其他股东与公司之间的利益冲突则多表现为公司短期利益与公司长远目标之间的冲突。

五、争议回应

差异化表决权结构的反对者指出这种股权结构将导致公司代理成本的增加,支持者对此并不否认。但是需要指出的是表决权监督机制对降低公司代理成本而言并非那么充分有效。首先,上市公司中以散户股东居多,这意味着由于股东集体行动的困难以及"搭便车"等问题的存在,即便在"一股一票"结构下,股东大会的决议也并非总是完美有效。其次,相较于公司内部人而言,外部股东缺乏有效的公司信息获取渠道,即便外部投资者能够全面知悉公司的公开信息,其也未必有具有相关的专业知识使其能够依据信息在股东大会上作出有利于公司长远发展的正确决策。概言之,没有任何一种制度是完美的,但是差异化表决权结构所带来的利益要远大于禁止该结构所带来的好处。境外仍有许多上市公司选择差异化表决权结构,这表明公司在一定程度上不受股东干预仍然可能是有益的。可能的原因在于代理成本不是公司治理中唯一需要最小化的成本,⑯而表决权监督机制也不是唯一有效降低代理成本的手段。除了表决权监督机制,还可以通过产品市场、资本市场以及股东诉讼等方式降低公司代理成本。⑱在公司治理体系之中,并非所有的代理成本约束机制的效用都是同等权重,不同类型的公司所依赖的代理成本约束机制也有所不同,某一代理成本约束机制表现薄弱,公司可以通过其他代理成本约束机制加以弥补或者替代。

第二节　差异化表决权结构打破了股东平等原则

一、股东平等原则内涵

股东平等原则通常作为一种缺省规则被各国所接受。中国人民大学刘俊海教授曾指出,股东平等原则包括形式意义上的股东平等和实质意义上的股东平等。其中股份平等原则作为形式意义上的股东平等原则,其目的在于实现股东平等原则,但却不能将其完全等同于股东平等原则。实质意义上的股东平等原则是对形式意义上的股东平等原则的补充,体现了股东之间动态的、实质性的以及相对性的平等状态。⑲

---

⑯　See Zohar Goshen & Assaf Hamdani, Corporate Control and Idiosyncratic Vision, Yale Law Review 125, 576—577(2016)(确定了"企业家对其特殊愿景的追求和投资者对代理成本保护的渴望之间的根本权衡,这是许多公司所有权结构的基础");See Bernard S. Sharfman, A Private Ordering Defense of a Company's Right to Use Dual Class Share Structures in IPOs, Villanova Law Review 63, 21—32(2018)[在为双层股权结构辩护时,沙夫曼(Sharfman)认为,尽管双层股权结构公司会产生更大的代理成本,但这些成本并不是公司上市时需要最少化的唯一成本]。See Zohar Goshen & Richard Squire, Essay, Principal Costs:A New Theory for Corporate Law and Governance, Columbia Law Review 117, 767(2017).

⑱　See Stephen M. Bainbridge, Corporation Law and Economics, Foundation prcss, 459(2002).

⑲　参见刘俊海:《股份有限公司的股东权保护》,法律出版社 2004 年版,第104—105 页。

形式上的股东平等原则以股东在公司之中的资本参与程度作为衡量标准,即股东在公司中依照相同的投资比例,享有相同的权利并履行相同的义务。"一股一票"原则是股东形式平等的重要体现,它体现了股份平等原则。股份平等原则要求每一股份所蕴含的表决权和表决力是完全平等的,股东在公司中享有的权利与其所持股份的表决力成正比。传统公司法理论中股份平等原则包含三个层面:(1)每一股份享有相同的表决权;(2)每一股份所获得的收益是相同;(3)每一股份上的表决权和收益权应当是相对应的。

实质意义上的股东平等原则是对股份平等原则下的股东平等原则的补充。实质意义上的股东平等不再局限于那些绝对的、形式上的平等标准,而是体现为对缺乏正当理由的股东不公平待遇的禁止。股东的实质平等在运用时,需要结合具体案例,全面考虑案件中所涉及的各种法律关系,防止恣意判断。[170]

二、特殊表决权持有人未对其多数表决权支付对价

在美国,许多学者对差异化表决权结构公司上市持坚决否定态度,他们甚至称这一结构为"公司治理的独裁模式"。哥伦比亚大学教授路易斯·洛温斯坦(Louis Lowenstein)认为,平等投票权的重要性不仅仅是公平分配利润,还是约束公司经理们勤勉、负责的最终防御措施,它牵涉的公共政策是不容放弃和出卖的。差异化表决权结构破坏了美国公司立法、证券立法和司法历来维护的核心价值,既损害了公司的合法性,也损害了公司的效率。[171]"一股一票"作为股东行动主义基本原则之一,也可以称为股东民主。在股东民主中,表决权是根据财产所有权来分配的,即个人或实体拥

---

⑩　同前注⑩,刘俊海书,第106—107页。

⑪　同前注⑩,Lucian A. Bebchuck 等文。

有多少股份就相应享有多少表决权。⑫股东权利倡导者将股东表决权视为"圣杯",因为表决权是股东合法参与公司投票程序,对公司事务施加影响力的重要方式。因此,将大量决策权力集中在少数人手里,是极不民主的做法。

差异化表决权结构的出现是对"一股一票"原则的颠覆,甚至挑战了公司民主。发行表决权不同的股份,使公司管理层能够通过极少的股份就掌握对公司的控制权,其结果将不利于对公司管理层的监督。这样的公司资本结构会造成以下困境:首先,差异化表决权结构使持有少数投票权的外部投资者所享有的权利受损,无法按自己的持股比例行使监督权,也无法参与公司决策,而持有较多表决权的公司管理层可以凭借这样的股权结构越过民主程序发号施令、作出决断,在部分事项中使股东大会的批准变得毫无意义。其次,差异化表决权结构的反并购效应会大大增加并购交易的难度,使资本市场的竞争作为公司外部监督机制的作用削弱。最后,持有较多表决权股份的管理层可以轻易控制董事会的选举,导致董事会的独立性减弱,尤其是独立董事的监督作用将会被大大削减。当管理层掌握多数投票权时,独立董事很清楚,如果他们反对管理层的决策,他们可能随时被解雇或者在下次改选时落选。因此,会有人认为利用差异化表决权结构进行融资不但低效,而且对投资者不公。

三、争议回应

在反对者眼中,差异化表决结构对股东行动主义构成了明显的威胁,也就是说,如果更多的上市公司采用差异化表决权结构,

---

⑫ See Daniel R. Fischel, Organized Exchanges and the Regulation of Dual Class Common Stock, The University of Chicago Law Review 54, 119—141 (1987).

那么就会产生更多的企业家控制公司的情形,而股东运用的权力也就更小。甚至有激进分子认为"一股一票"的表决权安排是一种实现股东民主的手段,其目的不在于股东财富最大化。获得了股东广泛同意的共同决策就体现了股东利益最大化。[13]尽管股东行动主义的主张与公司治理体系的强制力(即公司治理对私人秩序的安排)之间产生了强烈的冲突,但是实际上,差异化表决权结构的诞生正是公司治理私人秩序的体现,股东民主不能完全将其等同于政治民主。对私人秩序的理解始于迈克尔·詹森(Michael Jensen)和威廉·麦克林(William Meckling)著名的描述,他们将公司描述为法律拟制的组织,并将其视为个人之间一系列契约关系的联结。[14]这些契约关系的形成取决于缔约各方之间谈判的结果。[15]在公司治理安排的背景下,这种讨价还价的过程被称为私人秩序。私人秩序允许公司治理安排受市场的驱动,具体而言,私人秩序允许公司内部事务根据自身的特点进行调整,公司最终的治理选择体现了股东和管理层之间价值最大化的契约结果。[16]公司采用差异化表决权结构正是私人秩序磋商的结果,表决权的分配和行使应当尊重公司契约的约定。

在股东至上理论中,股东是公司的"所有者",因此有权享有所有权和控制权,这是股东拥有表决权的根基。股东只是从公司购买了一套权利,表决权是股票所有权"捆绑"的一部分,但是股权可

---

[13]　同前注[14],Bernard S. Sharfman 文。

[14]　同前注[6],Michael C. Jensen 等文。

[15]　See Jonathan R. Macey, Fiduciary Duties as Residual Claims: Obligations to Nonshareholder Constituencies from a Theory of the Firm Perspective, Cornell Law Review 84, 1266—1272(1999).

[16]　See David F. Larcker, Gaizka Ormazabal, Daniel J. Taylor, The Market Reaction to Corporate Governance Regulation, Journal of Financial Economics 101, 431(2011).

以被构造(有时已经被构造)而失去选举董事的权利。⑰即便是拥有表决权的股东也不一定拥有传统上属于财产所有者的许多权利——例如排他权或占有权。给股东贴上"所有者"的标签不是其拥有表决权的理由。投票规则应当视为公司与各个类型投资者之间的私人契约。公司法之下的私人秩序从来都不是简单的"人人自由",而是一种结构化的方法,通过有目的地选择公司管理者的方式来确定最佳的公司治理模式。股东有权选择董事会成员并确定最佳的公司治理安排,卓越的决策效率和股东财富最大化的预期结果,能够解释为什么谈判结果允许差异化表决权结构私人指令的存在,并决定公司上市时是否使用这种表决权结构。股东财富最大化作为公司经营目标的最终结果,本来就是一个"纯实证经济学"的例子,理应被接受。⑱

实际上,公司中的股东民主向来是"资本民主"而非"政治民主"。股东依照资本投入的多寡分配权利的大小。"一股一票"原则体现的也是资本民主。但是资本民主并非一定要以"一股一票"的形式予以表现。即便在"一股一票"的表决权安排下,股东也并不经常拥有平等的权力,通常是由一部分股东长期有效地控制着公司。这一状况其实并非毫无益处,因为这样能够缓解集体行动所带来的问题。在伊斯特布鲁克和费希尔看来,只要股东之间能够按比例分配公司活动所获得的收益,那么股东之间权力不平等的状况就不复存在。

在实践中,轻视自己手中投票权的持股人并不在少数,尤其是公众投资者,在理性冷漠的态度下,他们往往对表决权的行使处于

---

⑰　同前注⑫,Joel Seligman 文。

⑱　同前注⑭,Bernard S. Sharfman 文。

消极状态,他们更愿意在投票事项上"搭便车",而不是投入与行使表决权相关的成本。另外,在适用差异化表决权结构的上市公司中,通常享有高权重投票权的特别表决权股禁止在二级市场上流通,而低权重表决权的普通股则可以在二级市场中自由流通,这种流通性也在一定程度上弥补了差异化表决权结构中低权重表决权股的劣势,且无论是特别表决权股还是普通股,在差异化表决权结构中的股息均相等,加之普通股的持有成本低于特别表决权股的持有成本,因此可以视为是资本平等的表现。

第三节　差异化表决权结构阻碍了
公司控制权市场流动性

一、公司控制权市场的内涵

公司控制权市场是指通过征集投票代理权或者股权的方式获得对目标公司的控制,实现接管公司或者更换表现欠佳的管理层的目的,又可以称之为外部接管市场。公司的控制权交易可以通过以下三种方式实现:(1)通过在公开市场上,收购目标公司股份的方式获得其控制权;(2)通过与目标公司少数股东私下达成股份转让协议的方式获得公司的控制权;(3)通过向目标公司全体股东发出公开要约的方式获得公司控制权。[179]

公司表决权结构安排是影响公司控制权市场流动性的重要因素之一。[180]公司控制权市场治理作用的有效发挥则有赖于资本市场的效率。曼恩(Manne)将公司控制权视为一项有价值资产,如果收购者控制公司的目的在于纠正效率低下的管理层行为,那么

---

[179]　同前注[160],莱纳·克拉克曼等书,第236页。

[180]　See Grossman & Hart, One Share-One Vote and the Market for Corporate Control, Journal of Financial Economics 20, 175(1988).

这种控制权独立于规模经济或垄断利润中的任何利益,并提出了外部治理理论,即公司控制权接管能够起到约束管理层行为的作用,当管理层怠于行使职责或者不称职时,公司控制权交易会将这些管理层替换掉,从而改善公司治理。詹森是公司控制权市场理论的倡导者之一,他将公司控制权市场的有效性视为公司重构的重要渠道。当公司业绩表现不佳时,中小股东可能会寻找机会转让或者抛售股票,这将引发公司的股票价格下跌,公司的控制权转移最终会导致管理层人员的更换,新的管理层将会重新整顿公司业务,使其实现利润最大化,随后股票价格可能上涨并为接管人带来利益。[181]

在公司控制权流动过程中,股东与管理层之间可能会产生以下两种冲突:(1)管理为自身利益,可能会阻止公司的兼并行为,这种行为在敌意收购中尤为常见;(2)管理层可能为了防止自己被赶出管理层,出于谋求未来职位和薪酬的目的,会以牺牲其他股东利益为代价,与收购公司做交易。[182]

二、降低了公司外部监督的有效性

采用差异化表决权结构的成本在于,作为监控手段的公司控制权市场的有效性降低了。[183]因为在"一股一票"表决权结构下,分散的股东会面临高昂的协调成本,当管理层效率低下时,他们会将股票卖给外部竞标者,外部竞标者可以利用附着于这些股票之上的表决权引入新的管理层,从而提高公司的经营效率。通常而言,公司的控制权由享有多数表决权的股东掌握,并且这些股东能够决定是否出售控制权或者将控制权出售给谁。通过控制权的流

---

[181] 同前注⑤,李维安等书,第274页。

[182] 同前注⑩,莱纳·克拉克曼等书,第207页。

[183] 同前注⑰,Daniel R. Fischel 文。

动,股东有机会替换掉不适格的管理者,因此有效的公司控制权市场被视为降低公司代理成本的有效方式之一,"一股一票"的表决权机制是公司控制权自由流动的基础。

公司在经营过程中,其控制人可能存在以下问题:一方面,他们可能会侵吞公司资产或者欺压其他股东;另一方面,他们可能会怠于行使自己的职权或者因为能力不足无法作出有效决断。对于前一种情况,尚可通过法律手段予以应对,但是对于后一种情况法律则难以约束。毕竟法官难以判断公司管理层对商业事务的决断是否正确,通常采用"商业判断规则"进行处理。对于公司控制人的懒惰和愚蠢,市场竞争是最有效的应对方法,控制权自由流动是确保管理者勤勉高效运作的最终途径。[184]随公司控制权转移而产生的内部管理层的变化颇为常见。因此,目标公司管理层出于自身利益考虑,总是对这种"敌意并购"充满抵制情绪。这种自利的动机显然与公司股东,尤其是不掌握公司控制权的公众投资者的利益存在冲突。但这种对公司管理层而言的收购威胁也成为一种约束管理层的有效手段,可以限制管理层在运营公司的过程中以牺牲股东利益为代价追求私利。从这个角度而言,不应当支持公司董事会对外来的收购行动采取抵御措施。

但差异化表决权结构进一步阻碍了公司控制权的转移,使掌握了高权重表决权的企业家面对"流水的"股东(其他剩余索取权人)岿然不动,致使管理层可以免受异议股东的诘问,不仅带来了高昂的代理成本,还存在管理层可能难以作出有效决策的危险,因为董事之间可能由于偏好差异,为了保有各自的利益,而作出不连贯的或者不符合市场逻辑的决策,这种管理层决策上的危险对公

---

[184]　同前注[73],张巍书,第218页。

司而言是无法得到补偿的。[185]由于特别表决权股东有能力决定是否出让公司控制权,目标公司的收购变得极为困难,在这种情况下,控制权市场的外部监督手段失去了震慑特别表决权持有人的作用,居心不良的特别表决权持有人可能会使用各种手段蚕食公司资产以谋取私利。因此许多学者将这种持有公司大多数股份,却并不必然拥有公司控制性表决权的差异化表决权结构视为对公司治理机制以及对公司控制权市场运作的扭曲。即使我们假定在股权市场之外还存在投票权市场,投票权购买者之间会展开激烈角逐,但是就算这种高权重表决权股票价格上涨,也未必能够弥补低权重表决权股份因此而被贬损的预期价值。

三、争议回应

差异化表决权结构的反对者普遍认为,这种表决权结构会对公司控制权自由流通产生阻碍,会损害公司治理并妨害股东退出机制。但是,各国公司法普遍并不禁止目标公司采取法定措施阻却公司并购的发生。因此也没有理由禁止差异化表决权结构作为反并购的方式之一。[186]对于公司内部监管而言,很多制度的运用并非单一的,或者非此即彼的。公司控制权市场对公司内部监督作用的降低可以通过其他措施予以弥补。

上市公司中,公司控制权争夺主体主要有三方,分别为大股东层面(原实际控制人和收购人)、董事会层面(包括董事和高管)以及公众股东层面(公众股东会因实际控制人与收购人之间的控制权争夺而受到影响)。在股权分散时代,公众公司的股东往往对公司的收购方案缺乏判断力。由于股权分散,单个股东在上市公司

---

[185] 同前注③,弗兰克·伊斯特布鲁克等书,第74页。
[186] 同前注㉞,邓峰书,第365页。

中的持股份额较低,"一股一票"结构下对公司的影响有限,这使得大多数股东无意于努力获得与公司有关的重要信息或者掌握运营公司的必要能力。因此当收购方出现时,股东由于缺乏信息以及判断能力,无法对公司的实际价值作出准确判断,从而忽视了公司独立存续的价值,最终被收购方所提出的溢价吸引。换言之,股东们或许会忽略公司长期经营的战略价值,仅仅因为收购方所提供的短期利益而出售自己手中的股份。更有甚者,收购方可能采取具有胁迫性的交易手段迫使股东交出股份。在这种情况下,股权分散公司中的股东面临集体行动的困境。为了摆脱这些困境,有必要赋予董事会采取适当的防御措施以抵抗外部收购的权力,实现保护公司目标的连续性以及股东利益最大化。[18]

差异化表决权结构在美国的盛行,与其能够有效避免上市公司被敌意收购休戚相关。差异化股权结构不仅充分保证了公司控制权稳定,还有助于公司管理层坚持公司的长期发展规划。因为差异化表决权结构可以使管理层免受由于公司控制权变更而产生的对公司经营策略和自己前途的担忧。但是在"一股一票"表决权结构中,新的控制权股东加入董事会可能会改变公司经营方向,甚至是解散或者出售公司。企业家手中稳定的控制权,可以确保创始人及其管理团队尽职尽责地服务于公司的长远利益,激励管理者在制定公司战略时更注重企业的长远发展。

稳定的控制力有助于企业的稳定发展,尤其是对科技创新型公司而言。由于科技创新型公司具有科研周期长、资金需求量大、需要长远规划才能实现公司发展的特征,因此维持科技创新型公司创始人的控制地位尤其重要。对于科技创新型公司而言,采用

---

[18]　同前注[73],张巍书,第40—41页。

差异化表决权结构,能够从一开始就明确创始人的核心地位及其所拥有的控制权,使公司不至于因为权力无法集中而成为投机者手中流转的筹码。面对股东的流动性,只有稳定的管理层才能实现公司的长期目标,在这一层面上创始人比其他股东更能使公司获得收益。

第四节　降低了积极型机构投资者的参与热情

海登(Hayden)教授指出,差异化表决权结构可能会损害公司的治理效果,由此会影响机构投资者对差异化表决权结构的态度。[188]目前,中国推出了各项激励政策,用以促进机构投资者积极参与中国的资本市场。尽管证券监督机构对机构投资者积极参与公司治理以实现资本市场的稳定性寄予了厚望,但是就中国机构投资者对资本市场的参与度而言仍然总体偏低。[189]目前中国较少有学者关注机构投资者参与差异化表决权结构公司的态度,但是在差异化表决权结构较为发达的美国,机构投资者与差异化表决权结构公司之间的矛盾是学者们的关注重点之一。

一、积极型机构投资者的内涵

通常机构投资者是指对公司进行投资的法人机构,即法人股东,包括养老基金、保险基金、投资银行以及证券中介机构等。机构投资者法律上的概念包括四个层次:第一个层次,机构投资者最为广义的概念与法人持股相重合;第二个层次,机构投资者持有上市公司的股份,甚至可能构成上市公司的控制人;第三个层次,机构投资者仅以取得财产性收益为目的,而不是以获得公司控制权

---

　　[188]　同前注㊱,Grant M. Hayden 等文。

　　[189]　参见卢凌:《机构投资者、公司治理与企业债权代理成本》,江西财经大学2019 年博士学位论文。

为目的,在资本市场中,通过股票买卖的方式运作资本;第四个层次,持股的法人仅以间接投资为目的,既不是公司的发起人也不取得公司的控制权,在二级市场中进行资本运作。不同层次的机构投资者扮演着不同角色的股东。[190]在美国,随着机构投资者对资本市场的参与度越来越高,美国法上对机构投资者参与公司治理的态度由质疑转变为肯定。机构投资者于20世纪80年代发起了声势浩大的"股东行动主义",积极推动公司治理改革,并组建了美国机构投资者理事会(The Council of Institutional Investors,CII),致力于改善上市公司治理,维护股东权益。CII主张公司的资产需要受到更多的股东监管,机构投资者可以通过投票代理权在公司事务中掌握话语权,CII倡导的许多公司治理理念被美国上市公司所采纳。机构投资者积极参与公司治理的有效假说认为,机构投资者积极参与公司治理能够强化公司的内部监督机制,从而改善公司绩效,在总体上增加股东的财富。机构投资者主要在推动公司并购、强化股东投票权、迫使管理层提高效率以及作为集体诉讼原告等方面体现了对公司治理的推动作用。

本书所指的积极型机构投资者(active investors)是指积极参与公司内部监督机制,致力于改善公司治理结构,将股东行动主义通过行动落实在公司决议之中的机构投资者。这类机构投资者在管理层表现不佳时,会通过向管理层施压的方式,促使管理层改善业绩。从而增加股东的财富,但是也不排除因为积极型机构投资者过度干预公司运营,打扰管理层的正常工作,或因与管理层沆瀣一气而造成贬损公司利益的情形。与积极型机构投资者相对的是被动型机构投资者(passive investors)。随着投资环境的变化,越

---

[190]　同前注㉞,邓峰书,第358页。

来越多的投资者开始青睐被动型机构投资者,如指数基金。这类被动型机构投资者通常被视为缺乏投票的动力,因为他们的投资策略要求他们依据指数表现进行投资即可。被动型机构投资者的投资策略使得它们并不会从积极的监管中获益,任何改善其投资组合的公司治理,都只会让其对手方获益。对被动型机构投资者而言,它们向个人投资者们收取的低廉的服务费用是被动型机构投资者的主要竞争力,而知情投票过于高昂的成本——聘请律师团队或者会计师团队等做出针对特定公司的研究报告,则会增加被动型机构投资者的成本。⑲

二、积极型机构投资者对差异化表决权结构的敌意态度

在美国,部分机构投资者对差异化表决结构充满敌意态度,有研究显示机构投资者对差异化表决权结构公司的参与度要远低于对"一股一票"结构公司的参与度。⑲以 CII 为代表的部分机构投资者强烈反对差异化表决权结构,明确要求公司应当赋予每一股份同样的表决权,它们担忧管理层通过差异化表决权结构掌握公司控制权之后,将永远免受股东约束,从而增加公司的代理成本,致使公司价值贬损。⑲它们向纳斯达克和纽约证券交易所写信要求证券交易所改变上市规则,以确保所有采用差异化表决权结构上市的公司在其章程中都包含"日落条款",使得该股权架构在某

---

⑲　See "Passive Investors", Jill Fisch, Assaf Hamdani & Steven Davidoff Solomon, New York University School of Law, last modified April 13, 2018, https://www.law.nyu.edu/sites/default/files/upload_documents/Steven%20Davidoff-Solomon%20Passive%20Investors%20april%2013%20clean%20copy.pdf.

⑲　See Kee H. Chung and Hao Zhang, Corporate Governance and Institutional Ownership, Journal of Financial and Quantitative Analysis 46, 247(2011).

⑲　See "Dual-Class Stock", Council Institutional Investment, last modified January 12, 2019, https://www.cii.org/dualclass_stock.

一时间可以转回传统的"一股一票"结构。[194]美国主要的共同基金如先锋基金（Vanguard）、富达基金（Fidelity）以及普信公司（T. Rowe Price）等纷纷表示支持 CII 的观点，著名的养老基金如美国加利福尼亚州公务员养老基金（CalPERS）以及佛罗里达州行政管理委员会（Florida SBA）等也表达了相同看法。[195]CII 甚至曾经还将这一主张推广至新加坡证券交易所。[196]此外，标普道琼斯指数（S&P Dow Jones）和富时罗素指数（FTSE Russell Indices）对差异化表决权结构的态度也受到了 CII 的影响，这两家指数公司欲将部分差异化表决权结构公司排除在其指数之外。[197]美国最大的机构投资者投票顾问机构——机构股东服务公司也提出了与 CII 相类似的建议，该机构是一家专门服务于机构投资者为其表决权行使提供咨询的独立第三方咨询机构，也是美国最大的投票咨询机构，其在机构投资者表决权行使方面具有较大的话语权，甚至能够对上市公司董事的选任产生影响。该机构曾经对 120 家机构投资者进行了问卷调查，最终调查结果发现 57% 的机构投资者对差

---

[194]　See "CII Petitions NASDAQ Regarding Multi-Class Share Structures", Council Institutional Investment，last modified October 24，2018，https://www.cii.org/files/issues _ and _ advocacy/correspondence/2018/20181024% 20NASDAQ%20Petition% 20on% 20Multiclass% 20Sunsets% 20FINAL. pdf. See "CII Petitions NYSE Regarding Multi-Class Share Structures"，Council Institutional Investment，last modified October 24，2018，https://www.cii.org/files/issues_and_advocacy/correspondence/2018/20181024% 20NYSE% 20Petition% 20on% 20Multiclass% 20Sunsets%20FINAL.pdf.

[195]　同前注[107]，Lucian A. Bebchuck 等文。

[196]　See "CII Petitions NASDAQ Regarding Multi-Class Share Structures"，Council Institutional Investment，last modified March 29，2017，https://www.cii.org/files/issues_and_advocacy/correspondence/2017/03_29_17_letter_to_SGX.pdf.

[197]　See "FTSE Russell Voting Rights Consultation"，FTSE Russell，last modified July 2017，https://research.ftserussell.com/products/downloads/FTSE_Russell_Voting_Rights_Consultation_Next_Steps.pdf.

异化表决权结构上市公司的董事会给予了负面评价。[198]其至美国证券交易委员会的投资者咨询委员会（Investor Advisory Committee）对差异化表决权结构公司的前景也表示担忧。[199]美国部分机构投资者对差异化表决权结构的否定态度值得我们警惕。从本质上看，积极型机构投资者对差异化表决权结构的敌意态度主要源于对权力的争夺。在差异化表决权结构上市公司中，积极型机构投资者在公司中的话语权被特别表决权股东所取代，当享有高权重表决权的企业家们为贯彻自己对公司的长期愿景而牺牲短期的股价利益时，持有大额资本权益的积极型机构投资者势必会与企业家之间产生利益冲突。但是随着机构投资者在资本市场中扮演的角色愈发重要，机构投资者倘若疏远差异化表决权结构上市公司，那么可能将对这种股权结构公司以及股东的利益造成影响。

三、争议回应

总而言之，机构投资者对差异化表决权结构的担忧主要有两方面的原因，其一是担忧高权重表决权股持有人会降低追求公司剩余价值最大化的动力；其二是担忧持有高权重表决权的股东对其他股东缺乏责任感。这些担忧背后的真正原因是对公司控制权的争夺。差异化表决权结构会导致机构投资者在公司决策中的话语权大幅度减弱，它们作为大股东本应享有的"股东权利"被公司创始人所控制的管理层夺走，这引起了机构投资者的不满。虽然

---

[198] See "2016—2017 Annual Benchmark Voting Policy Survey", Marc Goldstein, last modified October 5, 2016, https://corpgov.law.harvard.edu/2016/10/05/2016-2017-annual-benchmark-voting-policy-survey/.

[199] See "Perpetual Dual-Class Stock: The Case Against Corporate Royalty", U.S. SEC. & EXCHANGE COMMISSION, last modified February 15, 2018, https://www.sec.gov/news/speech/perpetual-dual-class-stock-case-against-corporate-royalty.

机构投资者与企业创始人同为公司股东,但是两者之间基于利益差异会产生矛盾和冲突,这一点在科技创新型企业中尤为突出。由于科技创新型公司技术研发周期长等原因,需要更加注重公司的长期发展,当公司创始人作为管理层时,更愿意谋划公司的长远发展,甚至会以牺牲公司短期股票价格为代价,这与机构投资者重视股价波动、轻视股东价值以外任何指标的特性相违背,因此两者之间容易产生敌意。但差异化表决权结构公司的发展,需要机构投资者的支持,以形成一个有韧性的资本市场。

事实上,两者之间的矛盾也并非不可调和。实践经验表明,并非所有特别表决权结构上市公司都遭到机构投资者的厌弃。越来越多的机构投资者愿意将其表决权渡让给公司管理层,尤其是采用差异化表决权结构上市的科技创新型公司,如脸书、Zynga、Groupon、Snap 公司、蓝围裙(Blue Apron)等科技创新型公司甚至受到了机构投资者的追捧。在 2019 年 1 月至 5 月间,美国采用差异化表决权结构上市的公司就有 Lyft、Pinterest、Levi Strauss & Co.、Tradeweb Market、Crowdstrike Holidings、Chewy 等。⑳研究表明,不是所有的机构投资者都会积极参与公司治理,基于股东异质性,一般而言,只有当机构投资者的持股比例足以部分或者完全控制公司时,机构投资者才会参与公司治理,而分散持股型的机构投资者则难以发挥积极参与公司治理的作用,㉑如笔者上文中提到的被动型机构投资者。由于被动型机构投资者的投资策略致使它们缺乏积极行使表决权的动力,因此它们对公司治理以及降

⑳　See "Initial Public Offerings: Dual Class IPOs", Jay R. Ritter, University of Florida, last modified December 10, 2020, https://site.warrington.ufl.edu/ritter/ipo-data/.

㉑　同前注⑲,卢凌文。

低代理成本等方面影响较低。被动型机构投资者不以取得公司的控制权为目的,仅是为了获得财产性收益,对投票权的行使持消极态度。但被动型机构投资者在发挥资金优势的同时能够尊重科技创新型企业创始人的人力资源优势,缓解双方矛盾,因此,差异化表决权结构公司应当将目光投向被动型机构投资者,激发其投资的积极性,发挥机构投资者完善市场定价机制、稳定市场的作用。部分机构投资者对差异化表决权结构公司态度的转变,从侧面表明了差异化表决权结构有其价值以及合理性。差异化表决权结构的积极作用应当受到资本市场的重视。今后中国在促进机构投资者积极参与差异化表决权上市公司的政策方面,可以更加关注被动型机构投资者的参与度。

总之,尽管差异化表决权结构强化了控制股东的地位,从而造成了公司代理成本的增加,对上市公司股东民主造成了冲击,不利于非控制股东保护以及阻碍了控制权市场流动,但是这些构造上的缺陷并不足以否定差异化表决权结构对驱动公司创新的价值。任何制度都不是完美的,差异化表决权制度在合理使用的情况下,带来的好处要远高于其造成的不良影响。首先,差异化表决权制度实施的好坏,很大程度上受到外部治理机制的影响,因此,想要激励机构投资者积极参与差异化表决权结构上市公司的融资,应当从改善机构投资者的投资环境做起,提高机构投资者在差异化表决权结构公司中的参与度,如将监督权配置给持有低权重投票权的机构投资者就是一种可行的方案。具体而言,可以在监事会席位的设置上,向持有低权重表决权股的机构投资者倾斜,以确保机构投资者的监督权落实,这样可以有效地缓解机构投资者对差异化表决权结构上市公司的敌对情绪。其次,还可以通过限制创始人将其持有的高权重表决权股出售的方式,来保护机构投资者对创始人的信赖关系。差异化表决权结构存在的一个重要理由就是它确保有着特定愿景的创始股东可以在公司保有影响力。高权重表决权股的不可转让性,不仅可以阻止差异化表决权结构中的控制股东获得控制权溢价,而且可以将创始股东的利益"锁定"在特定公司之中,激励创始股东留在公司,追求公司的长期发展和价值提升,这样有助于实现差异化表决权结构的目的。再次,保障机构投资者的退出机制。机构投资者担忧,采用差异化表决权结构的上市公司在初期可能会充分展现其特殊股权结构的优势,但随着时间的推移,这些优势将会逐渐消退,而差异化表决权结构的潜在成本会不断攀升。最终导致即使这种股权结构已经变得很低效,但是只要创始人能够从控制权中获取私利,那么这些持有高权重表决权股的创始人就仍然有动机维持这种股权结构。因此需要给予持有低权重表决权股的机构投资者足以抵抗的手段。最后,加强对高权重投票权股东违法违规行为的追责力度。应当加大对持有高权重表决权股的股东参加内幕交易、操纵证券市场及虚假陈述等方面活动的监管和惩处力度,要求持有特别表决权的股东承担相应的行政责任、民事责任和刑事责任。在司法实践过程中,认定高权重表决权股东为控制股东,并要求其承担忠实义务和勤勉义务。这样有利于营造良好的投资者保护环境,有助于中国机构投资者积极参与到差异化表决权结构上市公司的融资活动之中。

第四章

中国差异化表决权规制现状及其不足

虽然各国对差异化表决权结构上市公司治理要求有各自的形态,但是这些形态中仍然存在共通点:首先表现为公正性与透明性;其次则体现为强调公司内部的监督机制,构筑良好的监督体系是公司治理的钥匙;最后体现为公司信息制度的完善,信息公开透明对公司治理同样具有重要意义。[202]随着国际合作的加强,差异化表决权结构在提高企业竞争力和企业性能方面发挥了有益的影响,但是任何制度都有其局限性,差异化表决权结构的内生缺陷不仅需要通过公司内部治理机制加以防范,还需要配套的外部监管制度予以约束。目前中国主要是通过证券交易所的上市规则,对采用差异化表决权结构的上市公司进行规制,尚缺乏法律层面的相关规定。

第一节　中国证券交易所对差异化表决权
结构适用的限制

目前《上海证券交易所科创板股票上市规则(2020 年 12 月修

---

[202]　同前注⑧,神田秀树书,第 33—341 页。

订)》第 4 章第 5 节"表决权差异安排",以及《深圳证券交易所创业板股票上市规则(2023 年修订)》第 4 章第 4 节"表决权差异安排"对中国的差异化表决权上市公司作出了限制性规定,主要是从以下几个方面进行规制。

一、差异化表决权结构创设方式的限制

依据上市公司设置差异化表决权结构的时间点,即公司是否在首次公开发行时即采用了差异化表决权结构,可以将上市公司分为事先设立差异化表决权结构和事后采用差异化表决权结构。差异化表决权结构设立的时间节点不同,对公众投资者的影响天差地别。

1. 中国证券交易所允许上市公司事先设立差异化表决权结构。[203]通常允许适用差异化表决权结构的国家对上市公司差异化表决权结构建立的节点都有严格要求。一般允许公司在首次公开发行股票时建立差异化表决权结构,并在招股说明书中向投资者披露相关事项,公众投资人在购买股票之前就已经知道差异化表决权结构的存在。将原本的单一股权结构变更为差异化表决权结构是公司股权结构变动的结果,属于公司的重大事项变动,因此应当获得出席股东大会三分之二以上的股东的表决同意,方可修改公司章程中原本规定的相关内容。

之所以要求上市申请人事先构建差异化表决权结构,是因为根据有效资本市场假说理论,公众投资者在购买公司股票之前就知悉差异化表决权结构的存在,市场将会迅速对这种公开信息作出反应。如果市场对差异化表决权结构作出良性判断,即市场认为差异化股权结构有助于公司的发展,将推高首次公开发行的价

---

[203] 参见《上海证券交易所科创板股票上市规则》第 4.5.2 条,《深圳证券交易所创业板股票上市规则》第 4.4.1 条。

格。反之,如果市场判断这种股权结构将会损害公司利益,那么首次公开发行的价格将大打折扣。无论市场对公司适用差异化表决权结构的态度如何,公司的创立者都将承担最后的结果,因此在公司股权结构安排方面将更加审慎。

2. 中国证券交易所禁止上市公司事后设立差异化表决权结构。事后设立差异化表决权结构的公司是指在首次公开发行之时并未使用差异化表决权结构,而是之后通过转换要约(exchange offer)、特别配股(special dividend)、表决权转化(voting rights alteration)等方式转变为差异化表决权结构。中国证券交易所明确禁止已经上市公开发行股票的公司通过任何方式转变为差异化表决权架构。通常情况下,各国公司法律监管皆不允许已经采用"一股一票"表决权结构上市的公司变更为差异化表决权结构公司。如果允许已上市的公司将单一股权结构转变为差异化表决权结构,那么就会导致不良后果:由于公司股权结构的变动属于公司变动的重大事项,应当获得股东大会绝大多数股东的同意,但是,公众投资者的理性冷漠会促使他们对管理层的议案不做任何调查,要么选择放弃表决,要么轻易地支持管理层的提议,[204]最终,即使绝大多数公众投资者都不支持股权重组方案,管理层转变股权结构的提议仍有通过的可能性。投资者在不明情况的条件下接受差异化表决权结构,容易导致该结构固有的弊端被放大,从而损害投资者利益。

二、差异化表决权结构适用主体的限制

尽管差异化表决权结构对特定公司而言具有较强的治理优

---

[204]　See Lucian A. Bebchuck, Limiting Contractual Freedom in Corporate Law: The Desirable Constraints on Charter Amendments, Harvard Law Review 102, 1831—1835(1989).

势,但是这一股权结构安排也增加了特别表决权股东滥权投票侵害其他股东合法权益的风险。就中国目前证券市场的状况而言,尽管存在大量散户投资者,但是大多数上市公司之中仍然存在控制股东。而差异化表决权结构的存在会进一步放大控制股东和其他股东之间的利益冲突,加之差异化表决权结构的内生缺陷可能会导致这一股权结构安排的红利随时间而消逝,进一步增大其风险性,因此需要对采用这一股权结构上市公司的行业和规模进行约束,以保护证券市场上的投资人。

美国并未对差异化表决权结构适用的公司类型予以限制,但是中国上海证券交易所、深圳证券交易所和香港联交所均对采用差异化表决权结构上市的公司予以限制。香港联交所强调采用差异化表决权结构上市的公司应当是业务具有高速增长潜能的创新型产业,并对其最低预期市值或者最近一年的财报审计收入进行了限定。同样,目前中国证券监督管理委员会也将差异化表决权结构的服务对象定位为具有较强成长性的科技创新型公司,但是并未对具体行业作出限制。根据上海证券交易所科创板的上市规则以及深圳证券交易所创业板的上市规则,具体限制如下:(1)目前在上海证券交易所科创板以及深圳证券交易所创业板申请采用差异化表决权结构上市的公司只能为新的申请人,并强调产业具有创新性。[205](2)与主板市场相比,降低了申请人的市值和财务标准,对申请上市公司的市值和财务要求,仅需要满足特殊上市标准之一即可。[206]

---

[205] 参见《关于在上海证券交易所设立科创板并试点注册制的实施意见》第二条第(三)款。

[206] 参见《上海证券交易所科创板股票上市规则》第2.1.3条,《深圳证券交易所创业板股票上市规则》第2.1.3条。通常要求达到以下标准之一即可:预计市值不低于100亿元,或者是不低于50亿元的预计市值外加最近一年的营业收入不少于5亿元。另外还对收入快速增长设置详细的标准。

三、对特别表决权股持有人的限制

掌握公司多数表决权就意味着掌握了对公司的控制权。对公司控制权的掌握不仅能影响公司的经营方向,还能决定对控制权的出售。基于表决权对公司的重大意义,不能将享有高权重表决权的特别表决权股随机分配给股东。为了实现差异化表决权结构的目的,即让公司专注于长期目标并实现股东长期利益最大化,会将特别表决权股配置给了解公司运作情况的内部人,通常情况下,都是由公司的创始人或者其管理团队掌握,而与特别表决权股相对的普通股则是留给其他投资者。另外,为了防止公司控制权滥用,监管部门也会对特别表决权持有人进行严格限制。目前,中国上海证券交易所的科创板以及深圳证券交易所的创业板对特别表决权持有人的限制性规定如下:(1)强调特别表决权持有人对公司作出重大贡献,并且需要担任董事,允许受该董事实际控制的持股主体持有特别表决权股。[207](2)限制了特别表决权股的持有比例、最高表决权倍数以及特别表决权股的上限比例。[208]公司上市之后,特别表决权持有人拥有的权益股份必须达到10%以上,特别表决权的比例最高可达90%,但是上市之后不得提高特别表决权的比例,这意味着公司上市之后,高权重表决权只能维持或者下降,不得上升。[209]以此来缓解差异化表决权结构因控制权与经济性权益过度分离而加剧的代理成本。

四、差异化表决权结构中特别表决权股的排除适用

普通股东基于对公司创始人及其团队独特的商业眼光,以及

---

[207] 参见《上海证券交易所科创板股票上市规则》第4.5.3条,《深圳证券交易所创业板股票上市规则》第4.4.3条。

[208] 即特别表决权股享有的高权重表决权最高为普通股的10倍。

[209] 参见《上海证券交易所科创板股票上市规则》第4.5.3—4.5.7条,《深圳证券交易所创业板股票上市规则》第4.4.3—4.4.6条。

对公司创始人及其团队商业判断的信任,同意赋予特别表决权股东多数投票权,但是这并不意味着普通股东完全放弃了自身的参与性权利。对于涉及公司重大事项表决方面,特别表决权股东应当将其享有的高权重表决权恢复为"一股一票",公司全体股东均需要依照"一股一票"的股权架构进行投票表决。特别表决权的排除适用能够防止特别表决权股东利用控制权盘剥其他股东,保障普通股东的合法权益。上海证券交易所的科创板以及深圳证券交易所的创业板规定,对下列事项进行表决时,需要排除特别表决权股的适用:(1)对公司章程作出修改;(2)改变特别表决权股份享有的表决权数量;(3)聘请或者解聘独立董事,深圳证券交易所的创业板上市规则还新增了监事的选任;(4)聘请或者解聘为上市公司定期报告出具审计意见的会计师事务所;(5)公司合并、分立、解散或者变更公司形式。⑳

此外,为了防止差异化表决权结构的有效性丧失,发生下列情形时,特别表决权股所享有的高权重表决权将丧失:(1)持有特别表决权股份的股东不再担任公司董事,或者特别表决权股东持有的资本权益低于10%时,特别表决权股将按照同等比例转化为"一股一票"普通股;(2)当特别表决权持有人丧失相应履职能力、离任或者死亡时,特别表决权股的多数表决权也将丧失;(3)实际持有特别表决权股份的股东失去对相关持股主体的实际控制时,其享有的多数表决权消失;(4)持有特别表决权股份的股东向他人转让其所持有的特别表决权股份,或者将特别表决权股份的表决权委托他人行使时,特别表决权将会丧失(但是若特别表决权股东将其持有的特别表决权股份转让给其实际控制的持股主体,则特

---

⑳　参见《上海证券交易所科创板股票上市规则》第 4.5.10 条,《深圳证券交易所创业板股票上市规则》第 4.4.9 条。

别表决权不会丧失）；(5)公司的控制权发生了变更，特别表决权也将失效。[21]

五、其他差异化表决权结构的监督措施

上海证券交易所和深圳证券交易所对差异化表决权结构的运行过程也设置了一系列的监督措施，以避免高权重表决权被滥用：(1)对差异化表决权结构设置特殊的信息披露规则，要求采用差异化表决权结构上市的公司在其招股说明书以及定期的报告等公开性文件中，充分披露差异化表决权的结构安排、主要内容、潜在的风险以及投资者的保护措施等。[212]当特别表决权股份发生转化时，应当及时披露。[213](2)对差异化表决权结构设置特殊的公司治理要求，即监事会需要对差异化表决权结构的适用情况出具年度报告，其包括特别表决权股东的持股情况、特别表决权股份的转换情况以及投资者权益是否受到侵害等涉及差异化表决权结构合规性的内容。[214]

第二节　中国差异化表决权结构约束体系的不足

在商人逐利的本性下（理性人偏好财富最大化），降低成本成为其进行股权结构创新的原始驱动力。差异化表决权结构作为一种股权架构的创新，突破了"一股一票"原则，造成公司控制权与资

---

[21]　参见《上海证券交易所科创板股票上市规则》第 4.5.9 条，《深圳证券交易所创业板股票上市规则》第 4.4.8 条。

[212]　参见《关于在上海证券交易所设立科创板并试点注册制的实施意见》第一条第(五)款，《上海证券交易所科创板股票上市规则》第 4.5.11 条，《深圳证券交易所创业板股票上市规则》第 4.4.10 条。

[213]　参见《上海证券交易所科创板股票上市规则》第 4.5.9 条，《深圳证券交易所创业板股票上市规则》第 4.4.11 条。

[214]　参见《上海证券交易所科创板股票上市规则》第 4.5.12 条，《深圳证券交易所创业板股票上市规则》第 4.4.12 条。

本脱节。尽管中国已经在实践层面上允许上市公司采用差异化表决权结构,顺应了双层股权结构发展的国际趋势,但是中国现行的《公司法》尚未明确差异化表决权结构的法律地位,缺乏公司法律层面上的配套监管措施,差异化表决权结构尚未形成完整的制度体系。而通过上文域外考察可发现,绝大多数国家和中国香港地区均事先在法律层面上承认差异化表决权结构的合法性,再通过证券监管部门和证券交易所的配合,在相关法律和上市规则之中制定体系完整的差异化表决权结构适用规范,从而实现对差异化表决权结构的完整规制。

股权架构是公司控制权的配置工具,不同股权架构安排发挥的功能不同,但其"工具"的本质始终如一。公司设置差异化表决权结构虽然能够解决公司创始人股权融资与公司控制权转移之间的矛盾,但是它对股权现有的法理基础和法律规制造成了一定程度的冲击,导致监管缺失,其背后的各个利益相关方的权利也有待重新均衡,因此中国股权结构变革具有紧迫性。制度变迁是一个由加总到均衡的过程,新兴的股权架构和公司治理模式对旧有的均衡造成了冲击,打破了"一股一票""资本多数决"等原则固有的均衡,股权制度的变迁在悄然发生。法律与公司自治性规则与时俱进,差异化表决权结构的产生有其合理性,但其弊端需要从立法和监管两个层面予以防控。在参考借鉴域外相对成熟的经验和司法制度时,要保持辩证的否定观,坚持立足于中国特色,构建符合中国国情的规制机制。

一、差异化表决权结构监管体系尚不完善

制定规则本身是为了对社会发展和经济生产产生有益效能。设置差异化表决权结构完整规则的目的是为了推动上市公司与股东的对话,继而实现公司业绩的长期增长。在比较成熟的市场中,

市场有足够的能力及时对上市公司及其股东的行为作出相应的反应,也就是说,当损害投资者利益的情形出现时,市场能够通过价格机制惩罚不良行为;反之,出现利好行为时,市场也会通过提高上市公司股票价格的方式予以反映。良好的配套监管规则,才能够推进差异化表决权结构上市公司的信息被市场所消化。公司决定自己采用何种股权结构模式,属于公司自治范围之内的事项,监管者一般不会主动介入,如果连外部监管都缺乏,那么差异化表决权结构自身的代理成本会被放大,管理者潜在的道德风险也会升高,投资者权益将会难以保障,因此需要加强事前与事后的外部监管。事前监管主要有赖于证券监督管理委员会等行政机关的监管行为,而事后监管则要依靠司法系统的有效性。

制定差异化表决权结构相关规则应当采取原则主义的方式,完善公司治理是制度构建的主要手段,即推动企业的成长,在证券市场上树立良好的形象。差异化表决权结构上市公司完善公司治理需要依靠《公司法》《证券法》等法律法规以及证券交易所上市规则多层次规则的共同构建。因此,中国的当务之急是进一步完善差异化表决权结构的相关制度,改善其在证券市场中的投资环境。如果中国的公司法能够完善差异化表决权结构的配套制度,促进该制度健康茁壮的发展,在有效的资本市场的背景下,甚至可以考虑适当地放松对差异化表决权结构适用主体的限制,给予市场主体更具有弹性的空间。但就目前而言,中国资本市场的成熟度和制度的完善性仍然与欧美国家的市场存在较大差距,中国的差异化表决权结构的配套制度以及资本市场的有效性还需要经验的积累和时间的磨炼。

(一)公司法律层面的制度确立与监管

在中国现行公司法律制度背景下,如何在融资的过程中维持公司创始人对公司的控制权,以保障创新型产业公司的稳步发展,依旧缺乏应对。随着中国新兴产业的兴起,"一股一票"表决权架构已经成为科技创新型公司的创始人采用股权融资最大的阻碍。公司要生存和发展就必须要融资,但融资又会使创始人失去控制地位,使得公司未来的成长受到威胁。股权融资与维持创始人控制权之间的矛盾,使得中国许多优秀的创新型公司不得不赴境外上市。为了解决这些困境,中国的公司法律规范也应当与时俱进,积极了解实践需求,通过包容新制度的方式,增强公司治理结构的灵活性。事实上,无论是所有权与控制权的结合,还是所有权与控制权的分离,或者何种程度的结合与分离,都可以通过法律的安排来实现。通过法律赋予差异化表决权结构合法性的方式,实现将控制权集中在创始人或者其团队手中的形态。其实,无论公司的股权结构是处于分散状态,还是处于相对集中的状态,公司的控制权与现金流权都会处于相对分离的状态。在股权结构分散的公司中,控制权掌握在经营者手中;在股权相对集中的公司里,控制权掌握在控制股东的手中。因此在规范差异化表决权结构时,应当禁止特别表决权股东滥用特别表决权增强自己的控制地位,而不应当限制创始人为维持自己控制地位而发行差异化表决权股份的行为。

根据现行《公司法》第 42 条、第 43 条以及第 103 条的规定,目前只允许有限责任公司设置差异化表决权结构,股份有限公司只能遵循"同股同权"的架构。其法理和逻辑依据在于,有限责任公司是人合性公司,在股权架构问题上,赋予股东意思自治的权利和自由,允许股东通过公司章程对股东权利另作规定和安排,赋予了有限责任公司及其股东很大的自由裁量权。而股份有限公司具有以资合性为主、人合性为辅的特点。尽管中国实践层面上已经接

纳了差异化表决权结构公司上市,但是仍然需要公司法律规范对
其进行确认并约束。但是单凭《公司法》的规定是无法全面地规范
差异化表决权结构的,公司所面临的实际法律问题是多种多样的,
因此与公司相关的各项法律规范应当整体观察,而《公司法》的存
在不过是诸多法律齿轮中的一个,只有各项法律规范之间相互契
合,才能支撑起公司制度的正常运行。公司法修改的原动力主要
体现在两个方面。一方面是随着全球化经济模式的改变,对公司
法作用的认识也发生了改变。依照传统的公司法理论,公司法是
规范利益相关人权利义务关系的私法性规范。但是如今公司法已
经成为国家经济政策的重要制度性工具,与国家自身经济发展休
戚相关。另一方面是信息革命的到来极大地改变了人们经济活动
的方式。互联网的广泛应用使得各国企业之间的竞争不断穿越国
界并被激化,随着各国资本市场的扩大,公司法的作用也变得越来
越重要。加之,投资者种类也愈发多元化,其行动和需求对资本市
场和经济活动都产生了巨大的影响。公司法需要在事前规制公司
的各项活动,因此如果公司法不具有前瞻性,将妨碍公司的经济活
动,对国家的经济发展带来负面影响,因此公司法的修改应当以提
高公司竞争力、应对信息革命以及满足资本市场扩大需求为目标。
同时在公司法的修改过程中,也不得不接受外国公司法修改的
影响。[15]

　　法律对差异化表决权制度的构建需要实现表决权的稳定性,
界限分明,限制转让而且使其附带明确且易于识别的责任。差异
化表决权结构中的控制权是公开的,而且不易转让,因为作为控制
股东是能够承担责任的。[16]立法不是孤立存在的;有一个由规章、

---

[15]　同前注⑧,神田秀树书,第207—212页。

[16]　同前注⑧,阿道夫·A.伯利等书,第86页。

规则和惯例组成的完整的经济生态系统,这些都将为之提供支持。除非有令人信服的理由这样做,否则放弃熟悉的旧制度而改用全新的制度是不明智的。[217]因此差异化表决权制度在法律层面的确立需要与现有制度相协调。但需要注意的是,当正式规则发生变化时,需要存在一个与这些正式规则相一致的实施机制,以及相应的改变了的行为习惯,否则,正式规则的改变将会引起较大的混乱。[218]公司法制定了关于股东出资和公司依据出资决定其运营等经营活动方面的规则。就股份有限公司形态而言,决定公司经营活动的出发点是股东。公司法理念的转变体现在以下两个方面:第一,尊重市场机能的运作,放宽事前程序规制,强化事后规制。第二,不断强化并完善公司内部监督机制,其目的不仅在于防止企业恶性事件的发生,还包括积极提升企业价值。[219]为了支持企业的发展,中国与公司相关的各项法律规范逐步放宽了各种限制。此外,中国还愈加重视公司章程自治,允许企业通过章程来确立诸多公司事项,即强调"章程自由原则"而非单纯的"契约自由原则"。章程自由即可以通过章程广泛地扩大"股份内容"以及"股东间关系"方面的自由,差异化表决权结构的适用正是这方面的典型代表。公司法的修改一方面应当考虑将公司各项活动从事前规制的路径中解放出来,另一方面有必要对风险关系和行为规制的法律制度进行完善。[220]

(二)证券监督管理委员会与证券交易所监管

金融市场和资本市场的环境每年都在发生剧烈变化,不断涌

---

[217]　同前注[133],Walter Woon 文。

[218]　参见[美]科斯、[美]诺斯、[美]威廉姆森等:《制度、契约与组织——从新制度经济学角度的透视》,刘刚等译,经济科学出版社 2003 年版,第 16—17 页。

[219]　同前注⑧,神田秀树书,第 10—29 页。

[220]　同前注⑧,神田秀树书,第 209 页。

现出来的新问题需要修改法律加以完善。这一情况在其他国家也不例外。修改的内容一方面是应对国内市场状况的变化，另一方面则是应对世界金融领域的发展动向。其制度修改目的在于恢复投资者对金融市场以及资本市场的信赖，强化金融业领域的机能。但制度完善并非总是通过立法的形式实现的，而是通过法律解释或者证券交易所的上市规则制定来推动相关法律制度的完善。[21]其原因在于通过立法方式修改公司法的难度大，无法迅速修改，灵活性欠于行政法规以及证券交易所的上市规则。虽然证券交易所规则无法全然解决所有问题，但是证券交易所规则可以通过强制的多元化和适时的公开规则以及明确上市公司"禁止性行为"和"必要性行为"有效地约束上市公司行为。构建并实施强制的多元化的惩戒规则具有重要意义。具体而言，针对差异化表决权结构上市公司的不端行为，并非所有的违规行为都会被处以极端的退市处分，也并非仅仅予以形式化的警告，而是可以构建一种中庸模式，先予以特殊警告，若所针对的违规情形并未得到有效改善，那么该公司将无法恢复到正常的上市状态。我们应当明确的是，公司治理相关的规则调整之所以抛给证券交易所，是因为法律、行政法规无法对这些行为作出适当的应对。但是，如果所有的规则和约束机制都通过证券交易所来制定，那么我们不得不思考：证券交易所制定所有规则的正当性依据是什么？其权利来源是基于基本法律规范的授权，还是基于证券交易所与上市公司之间的合同约束？这些问题需要我们予以厘定。笔者认为，如果证券交易所需要制定相应的规则，应当依照法律或者行政法规的授权作出更为细致明确的规定。[22]例如在美国，证券监管机构与证券交易所均发

---

[21]　同前注⑧，神田秀树书，第 194—196 页。

[22]　同前注⑧，神田秀树书，第 228—229 页。

挥着重要的监管作用。证券交易所会根据证券监管机构的要求制定自己的交易规则,对拟上市公司的条件、信息披露情况等进行形式审查。

二、差异化表决权结构公司内部监督不足

公司治理的核心目的在于防止公司的恶性事件,确保公司体制健全以及客观评价公司的经营情况。㉓良好的公司内部监督机制是完善差异化表决权结构公司治理的重要内容之一,需要对其予以重视。在上市公司之中,存在众多股东,但是并非每一位股东都能够亲自参与公司的经营管理。因此《公司法》出于对股东权利的保护,会对公司的基本事项作出规定,如公司机关的设置等。而对公司经营事项的决定权和执行权则由股东通过股东大会选出董事,并委托董事予以实施。基于公司内部机构的不同分工,上市公司内部监督的实现方式主要分为以下三类:(1)股东凭借其拥有的表决权,通过在股东大会上对公司事项进行表决的方式实现监督;(2)监事会对董事会的业务执行情况进行监督;(3)通过独立董事对董事会的事务执行情况进行监督。差异化表决权结构加剧了股权的参与性权益和经济性权益的分离,导致公司内部机构之间的权力制衡弱化。股东大会对董事会的监督力几乎不复存在。加之,特别表决权股东对其享有的超额表决权缺乏对价,因此需要通过限制特别表决权股东的部分权力或者使其放弃部分权力的方式,来换取特别表决权股东的超额的表决权,从而实现股东之间的权力平衡。根据前文所述,目前中国上海证券交易所的科创板以及深圳证券交易所的创业板均要求监事会对差异化表决权结构上市公司的合规性出具年度报告,以实现加强差异化表决权结构上

㉓　同前注⑧,神田秀树书,第75页。

市公司内部监督的作用。但是根据上海证券交易所科创板的上市规则第 4.5.10 条的规定,其并未明确应当依据"一股一票"规则选任监事会成员。这使差异化表决权结构上市公司监事会的动态监督机制产生了漏洞。因为依据公司法律的相关规定,监事会是由股东大会选举产生,若缺乏对监事会选任的限制性规定,那么特别表决权股东就能够像选任董事那样为自己选任监事,监事会的独立性将不复存在。尽管在随后修订颁布的深圳证券交易所创业板上市规则之中,第 4.4.9 条明确规定了特别表决权股东在选任监事人员时,高权重的表决权将恢复为"一股一票",堵上了漏洞,但是监事会权力积弱已久,权力有限,而差异化表决权结构上市公司的年度评估报告只有在确保由监事会独立完成的情况下才能发挥其应有的作用。差异化表决权结构上市公司的内部监督机制能否充分发挥作用仍然存疑。另外,证券交易所的上市规则之中,并未完全发挥差异化表决权上市公司中独立董事的监督作用,虽然科创板和创业板中规定了特别表决权股在选任独立董事时依照"一股一票"进行表决,但是未对独立董事在差异化表决权结构中的监督作用作出进一步的细化规定。参考香港联交所上市规则对差异化表决权结构上市公司的要求,可以在独立董事之中配备一名合规顾问,为公司的差异化表决权结构相关事宜提供专业的咨询意见。[224]还可以赋予独立董事监督监事会成员选任的职责,以防止监事受制于特别表决权股东,从而强化监事会的独立性。此外,独立董事还可以和监事会共同组成差异化表决权结构风险防治委员会,共同看护公司利益,强化对差异化表决权结构上市公司管理层的监督,从而实现对其他非控制股东的保护。

---

[224] See HKEX Listing Rule 8A.34.

三、差异化表决权制度缺乏事后救济机制

尽管在全球范围内越来越多的国家和地区开始接纳差异化表决权制度,但是这种股权结构安排却并非主流,其潜在的风险更是不容忽视。就目前已有的差异化表决权结构的约束机制而言,证券交易所的上市规则以事前规制为主,缺乏事后的纠纷解决机制以及有效的事后救济措施。在差异化表决权结构之中包含着各种各样的利益主体,在实践中各个利益主体之间相互协商、相互妥协,但是难免存在利益冲突从而产生各类纠纷。从特别表决权股东权利滥用的角度看,可以将纠纷大致分为特别表决权股东与公司之间的纠纷,以及特别表决权股东与其他股东之间的纠纷。[225]但是目前中国差异化表决权制度的规制体系尚未形成。法律对纠纷的调整包含两个方面,即事前规制和事后的司法裁量。如果权利保障缺乏相应的事后救济措施,而仅仅停留在宣誓层面,欠缺事后的责任分配规则,那么将很容易导致差异化表决权制度中的约束机制不被遵守。另外,倾向于事前规制并尽可能避免纠纷的责任分配方式很容易造成规制过度,还会增加交易成本。而强大的事后监管能力需要有司法系统的效力作支撑,投资者的经济利益受损后,能够诉诸法律,最终获得公正的司法救济。尽管《最高人民法院关于审理证券市场虚假陈述侵权民事赔偿案件的若干规定》第2条取消了此前《最高人民法院关于审理证券市场因虚假陈述引发的民事赔偿案件的若干规定》第6条虚假陈述的民事赔偿案件需要以证券监督管理委员会作出的生效处罚决定作为当事人提起诉讼依据的规定,但是关于内幕交易以及操纵市场等违法行为的民事诉讼案件仍然存在类似规定,这无疑增加了投资者事后维

---

[225] 参见李燕:《双层股权结构公司特别表决权滥用的司法认定》,载《现代法学》2020年第5期。

权的负担和成本,因此投资者想要获得司法救济的难度较大,且效果并不理想。

随着商业实践的发展以及相关法律思维的建立,结合经济分析的方法以及政策规则的制定,司法调整纠纷的能力也将日益增强。随着对公司权力行使的司法审查范围的扩大,事前规制的思维方式将被事后责任分配规则所取代,并且市场、公共政策以及社会环境等存在着多种多样的外部监督机制。㉖公司法的关注焦点将转向对公司行为的控制和调整,展现出从强调事前规制逐渐转向事后司法调整的进化历程。

㉖ 同前注㉞,邓峰书,第570页。

第五章
差异化表决权制度完善

中国构建良好的差异化表决权制度的障碍主要表现为三个方面:首先,差异化表决权结构具有天然的内生缺陷,当其效率低下时缺乏有效的退出机制;其次,对虚假信息披露与内幕交易的民事诉讼以及民事赔偿制度尚不完善,股东维权步履艰难;最后,中国证券监管部门精力有限,对虚假信息披露以及内幕交易等违法行为调查和处罚力度不足。

第一节 差异化表决权制度优化目标:实现利益均衡

公司治理中的绝大多数课题都是围绕股东权益保护展开的,其具体形态也会随着国家的政策引导和企业的发展需求而有所不同,但是公正性和透明性始终是不同公司治理架构的共同特点,差异化表决权制度的构建也应当以此为基础,通过平衡股东之间不同的利益需求,最终实现制度的应有目的。差异化表决权结构下股东之间的关系相较于"一股一票"表决权结构下的股东关系而言更为复杂。尤其是特别表决权持有人具有特殊性,这导致差异化表决权结构中利益主体更加多元化,不可避免地会产生各种利益冲突,且相较于"一股一票"表决权结构而言,利益冲突亦更加复杂。考察差异化表决权制度在域外的发展状况,无论是关于差异化表决权制度的存留还是立法规制等方面,股东之间的利益冲突始终是差异化表决权制度的调整重点,如何平衡不同股东群体之间的利益关系成为优化差异化表决权制度的重要目标。

一、差异化表决权制度利益均衡机理

一个体系的发展总是呈现出一种"均衡—变迁—再次均衡"的状态。当原本稳定且重复出现的均衡状态受到冲击时,就会发生变迁,在社会的变迁过程中,人们的价值观念也会随之发生改变,价值结构和体系需要重新排序整合,经过时间的调整,又会再次达到共存共荣的均衡状态。企业家作为一种新的理念或者作风的倡导者,其新的想法萌芽并不断苗壮发展,随之带来的是变化的可能性。企业家探索新的模式已经逐渐成为一种常态,成为打破原有均衡促成变化的重要因素。面对不断涌现的新生事物,法律的概念、解释以及基础理论也将面临各种考验,社会的变迁终将促成法律的变迁。㉗在法律变迁的过程中,势必会产生各种价值的冲突和碰撞,原本的权利会重新组合调整,而新的权利也将由此衍生。当新的规则孕育而成,并在被一次次援用的过程中不断加固,新的稳定的重复出现的均衡状态再次形成。这一过程,就是差异化表决权制度诞生发展并确立的过程。

利益均衡是指利益体系内相对势均力敌、和平共处的一种状态。法律制度的确立以及法律规则的制定,都是建立在利益均衡的基础之上,并通过法律确立的权威,协调不同利益主体之间的冲突,最终得以实现在不同利益主体之间相容共存基础之上的优化

㉗ 参见熊秉元:《法的经济解释》,东方出版社 2017 年版,第 47—50 页。

状态。㉘它既是一项立法原则，也是一项司法原则。差异化表决权结构的诞生作为打破原本处于均衡状态之下"一股一票"表决权结构的变迁因素，必然会引发新的利益冲突，为了再次实现利益的均衡，避免不同主体尤其是股东之间的利益失衡，需要通过构建完整的差异化表决权制度来减少利益冲突，并尽可能地实现差异化表决权制度体系内的稳定和不同主体之间利益均衡的格局。处于均衡状态的差异化表决权结构可以实现股东之间的利益协调，不同利益团体都能够拥有一定的利益份额，并且不同利益团体之间能够相互依赖，这种平衡状态对于协调不同利益主义之间的关系具有重要作用。实现利益均衡的过程就是依据原则对各方利益进行选择和衡量的过程。在差异化表决权结构利益均衡的过程中，最为突出的是股东之间不同利益群体的冲突，而这种冲突难以通过差异化表决权结构自身来调节，需要借助法律规则的安排来实现利益协调。没有利益冲突就没有利益均衡，法律制度的设计为利益冲突和协调提供了统一标准。

如何建立差异化表决权制度中的利益平衡机制，以及利益平衡应当遵循何种原则，涉及对法律价值的分析判断，即进行利益衡量。现代社会正处于一个高速发展的时期，商业实践发展复杂多样，立法也往往表现出一种应急性的趋势。差异化表决权制度的构建需要考虑两个步骤：首先需要考虑在现有的法律框架之下，是否能够处理差异化表决权结构所引发的法律问题；其次需要考虑在现有的法律制度无法提供相应的法律救济时，是否需要创设新的法律制度对差异化表决权结构进行规范。利益衡量的目的就在

㉘　参见王伟光：《利益论》，人民出版社 2001 年版，第 208—210 页。

于完善已经构建的法律体系,使之更加切合社会经济的发展。^㉙中国差异化表决权制度的构建刚处于起步阶段,且尚未在法律层面对差异化表决权结构予以认可,采用这一股权结构的公司仍然有限,许多法律问题还未暴露出来,但是在差异化表决权结构适用已久的美国,已经暴露出了越来越多的法律问题。因缺乏对特别表决权股持有人的约束,或者对公司发展战略或业务组合持有不同意见等引发的冲突和诉讼日益增多,投资者因公司流动性减损而遭受损失也愈发常见。^㉚这些问题在中国差异化表决权制度尚不完善的背景之下,也会存在。平衡特别表决权股东与其他非控制股东之间的利益冲突需要考虑不同利益团体之间的利益需求、不同利益的位阶或者顺位以及各个利益主体所处的地位和力量对比等因素。利益均衡既要防止一方权益过度膨胀,又要避免另一方因为劣势地位而被压制,因此在制定法律规则时会更加倾向于保护弱势一方,或者以绝大多数人的利益为主,同时法律也会评估劣后保护主体的利益,将其受到的冲击控制在合理的范围之内,这主要是出于公平正义的考量以及社会公共秩序的考量。但是随着周遭环境的变化,内部格局的博弈演变,均衡的状态可能再次被打破并重新整合,利益均衡就是这样一个动态的过程。

二、差异化表决权制度利益均衡的基本原则

商事法律规范的价值追求在于维护交易的自由与效率,尊重公司组织的自治、民主与诚信。通过法律范式化的规范,能够简化

㉙　梁上上:《利益衡量论》(第二版),法律出版社 2016 年版,第 194—195 页。

㉚　See "Recommendation of the Investor as Owner Subcommittee: Dual-Class and Other Entrenching Governance Structures in Public Companies", SEC, last modified February 27, 2018, https://www. sec. gov/spotlight/investor-advisory-committee-2012/recommendation-on-dual-class-shares.pdf.

交易程序、降低交易成本以及缩短交易时间等,提高交易效率有助于实现财富最大化。正如波斯纳所言,效率即正义。商主体依据法律,通过公司章程自主安排股权结构、配置权力以及分配各方责任等是商事自治的体现。但是国家的政策导向或者强制性规范会对公司融资、生产等各个方面产生重要影响。法律规范的制定和实施与政策偏好、利益集团的争夺等政治性因素有着密切的关系,中国确立差异化表决权制度正是这一特点的体现。差异化表决权结构作为公司自治领域的股权结构安排,引发的特别表决权股东与其他股东之间的利益冲突可以通过一系列的协调机制加以缓解,差异化表决权结构自身内在的缺陷也可以通过外部的限制性措施对其加以约束。法律规范能够对未来的行为产生激励作用。

（一）对中小投资者利益倾斜保护

中国证券监管制度以投资者保护为中心。投资者在受到保护的情形下,能够增强他们对证券市场的信心,在理论层面上,有助于造就一个健康的资本市场。基于这一前提,中国法律以及证券监督管理委员会颁布了大量的规则,以调整证券交易所、证券发行人以及其他金融服务提供者等卖方市场主体。2019 年 11 月最高人民法院发布的《全国法院民商事审判工作会议纪要》第五部分,针对司法裁判中的金融消费者权益保护纠纷案件审理作出进一步指引。尽管这些规则以及指引并非直指投资者,但也对投资者的选择产生了一定程度的制约,形成了对投资者的间接监管。换言之,如果投资者充分了解证券市场的风险并且掌握了必要的投资信息能够进行理性投资,那么对投资者的任何限制都将是多余的。[231]但是,实际上大多数作为投资人的金融消费者缺乏必要的信

---

[231]　同前注⑨,罗伯塔·罗曼诺书,第726—727 页。

息以及专业知识，难以对投资活动作出价值最大化的选择，对其进行必要的监督并配合多层级的监管规则，有助于增强投资者的投资信心，进一步强化投资者在证券市场上的投资意愿，因此可以采取渐进的策略，在中国推行差异化表决权制度的起步阶段，应当将差异化表决权结构限定在科技创新型公司之中，因为创始人控制权的维持对科技创新型公司未来的持续性发展尤为重要。另外还应当限制差异化表决权上市公司的投资主体，设置合格投资者门槛。待差异化表决权制度在中国日渐成熟之后，便可以考虑放开对差异化表决权结构公司类型的限制，以及对二级市场中投资人的限制。

投资者适当性制度与信息披露制度共同构成中国资本市场有效运作的基石。信息披露的充分性以及投资者适当性是金融交易纠纷中必然存在的环节，也是争讼双方的争执焦点。[22]由于资本市场中信息不对称的问题难以消解，以及"信息弱势群体"的客观存在，导致传统契约关系中的主体平等难以实现，因此需要对中小投资者的利益予以倾斜保护。[23]对投资者进行区分，并施以不同程度的保护措施。投资者可以包括：发行层面的投资者、中介层面的投资者以及金融消费者。这种区分看似极具家长式的管理风格，但是实际上却为大多数的投资者提供了更多的选择。这种分层级的监管制度，依照投资者风险承担能力，决定其能够受到怎样程度的保护或者约束。总之，通过建立差异化表决权结构的配套制度、设计审慎周密的投资者保护实施，能够逐步稳健地推行中国差异化

---

[22] 参见刘燕、楼建波：《金融衍生交易的法律解释——以合同为中心》，载《法学研究》2012 年第 1 期。

[23] 参见安青松：《适当性是投资者合法权益得到有效保护的基础》，载《投资者》2018 年第 4 期。

表决权制度的发展,减小差异化表决权结构的潜在风险。

(二)防止特别表决权持有人滥用表决权

当公司采用差异化表决权结构时,一个核心的利益冲突就会出现:在这样的安排下,持有公司经济利益相对较少的公司内部人最终掌握了大多数投票权,但是他们仅享有公司很小比例的收益权,因失败而遭受的损失也只有很小的一部分。这为滥用行为和自我交易提供了机会,因为拥有高权重表决权的公司内部人会受到个人激励,利用他们的控制权寻求个人利益,即使是以牺牲公司和其他股东的利益为代价。当持有特别表决权股票的公司内部人同时也是该公司的管理层时,他们实际上可以选择自己的"老板",从而决定自己的高管薪酬。凭借他们持有的高权重表决权股,这些内部人还可以有效地推动无数其他平凡或重大的决策,而这些决策可能不会使股东福利最大化。[24]

在差异化表决权结构公司中,特别表决权持有人作为公司的控制股东,其对公司的影响力并非基于资本权益,因为他们并未对这些超额投票权给予对价。依照中国现行《公司法》第216条的标准,特别表决权持有人并不构成控股股东,特别表决权持有人的股东身份,也无法构成法律上认定的实际控制人。因此,为了确认特别表决权股东的身份特性,应当扩大控制股东的外延,将特别表决权股东纳入控制股东或者控制人的范畴之内,这对于提高控制股东规制效果具有实践意义。

---

[24] See "When One Share Does Not Mean One Vote: The Fight Against Dual-Class Capital Structures", Bernstein Litowitz Berger and Grossman, https://www.blbglaw.com/news/publications/2018-05-21-when-one-share-does-not-mean-one-vote-the-fight-against-dual-class-capital-structures-by-mark-lebovitch-and-jonathan-uslaner-as-published-by-sacrs-magazine/_res/id=File1/SACRS%20MarkL.pdf.

第二节　中国差异化表决权制度有效治理路径

差异化表决权制度相关规则的设计，不仅要立足于中国国情，还要考虑与国际规范的结合度。中国公司法的修改趋势在于逐渐淡化公司法律及其配套规范的刚性色彩，使公司的治理能够更加合乎本性地自然生长。差异化表决权安排虽然体现了对公司章程自治的尊重，但是股东之间冲突与平衡的状态不能仅仅依靠组织内部权利制约的安排，还有赖于外部法律环境的指引，通过法律以及一般规则的示范和引导作用，平衡股东之间的利益冲突，为非控制方股东提供对抗的机会。在承认控制股东与非控制股东地位不平等的事实上，通过法律规则的完善，矫正非控制股东行权不平等的偏差，从而实现股东之间的实质平等，纠正差异化表决权结构中高持股份额股东承担高风险的同时却缺乏与风险相匹配的保护措施这一实际问题。

尽管中国已经通过证券交易所制定的上市规则对特别表决权行使作出了具体的约束，但是在公司治理实践中，表决权的行使包罗万象，不可能通过规则的列举完全穷尽，需要提取其背后的机理，加之上市规则不能作为司法裁判的依据，仍然需要在法律层面对特别表决权股东权责划分予以指引。值得注意的是，虽然中国规范性文件中未规定控制股东的信义义务，但是在证券监督管理委员会颁布的《上市公司治理准则》和《上市公司章程指引》中明确规定了上市公司中控股股东对其他股东负有诚信义务，尽管指导性文件中并未说明诚信义务的内涵。

一、强化特别表决权持有人的信义义务

根据经济合作与发展组织（OECD）公司治理小组的建议，资本市场在引入差异化表决权制度时，应当考虑是否满足以下三个

条件：(1)确保资本市场的有效性能够对差异化表决权结构给外部股东(即非控制股东)带来的消极影响予以准确的市场定价。(2)能够提供有效防范特别表决权股东滥用控制权谋取私利的法律制度。(3)确保所有股东在利益受损时能够及时有效地寻求事后的救济措施。[235]但是，目前中国的差异化表决权制度缺乏对特别表决权股东信义义务的约束以及相应的责任追究制度，并且资本市场有效性不足，而且中国上市公司中，控制股东欺压中小股东的现象较为突出。在这样的背景之下，为了防范特别表决权股东滥用表决权，以免进一步加剧控制股东与其他中小股东之间的利益冲突，应当强化特别表决权股东的信义义务，信义义务的构建有助于抑制差异化表决权结构的代理成本。

在差异化表决权结构中，其他股东基于信任将超额表决权委任给特别表决权股东，并期望特别表决权股东独特的商业眼光能够实现公司利益最大化。在信义关系中，一方面受益人基于对受托人的信任，将自己的权利让渡给受托人。另一方面信义义务始终和权力联系在一起。在公司中，信义义务的承受者应当是行使公司控制力的人。[236]信义义务的目的就在于约束那些有权对公司施加控制力之人的自利行为。[237]无论是董事的信义义务还是控制股东的信义义务，本质是相同的，但是当信义义务的承受者地位不同时，义务的承担范围和程度会有所不同。特别表决权股东作为公司控制股东负的信义义务与其作为管理层时负的信义义务既有联系又有区别。当特别表决权股东以董事身份行事时，其作

---

[235]　同前注[159]，安邦坤文。

[236]　同前注[34]，邓峰书，第446页。

[237]　See Iman Anabtawi，Lynn Stout，Fiduciary Duties for Activist Shareholders，Stanford Law Review 60，1255—1296(2008).

为董事的信义义务源于公司授权,与其掌握的公司控制权无关;当其以股东身份行使特别表决权时,信义义务的来源是基于特别表决权而享有的对公司的控制影响力,此时只有当其滥用特别表决权时才需承担信义义务。

（一）特别表决权股东信义义务的指向对象

通常情况下股东之间并不负有信义义务,董事仅对公司负有信义义务,而非直接对股东或者其他人负有信义义务。[28]其合理性在于:首先,基于公司利益最大化和股东利益最大化一致的前提假设,成立公司的目的就在于将分散的股东聚为整体,管理者为公司的利益行事即可,而无需也不应当专注于个别股东的利益;其次,义务的履行需要以责任承担来保障,若管理者对各个股东负有义务,那么就会难以将义务的标准客观化,法律上的可执行性会减弱。[29]但是在司法实践中,美国对董事信义义务指向对象的认定,表现出模棱两可的状态。在古斯诉洛夫案(Guth v. Loft)(1939)[30]中,特拉华州最高法院指出董事和高级管理人员对股东和公司均负有信义义务。而在荷兰里昂信贷银行诉路经通信公司案(Credit Lyonnais Bank Nederland, N. V. v. Pathe Communications Corp.)(1991)[31]中,特拉华州衡平法院进一步扩展了董事信义义务的指向对象,当公司濒临破产而非事实破产时,基于风险负担理论(at risk theory),董事会不仅仅是剩余风险承担者的代理人,还

---

[28] 参见朱大明:《美国公司法视角下控制股东信义义务的本义与移植的可行性》,载《比较法研究》2017年第5期。

[29] 参见王继远:《控制股东对公司和股东的信义义务》,法律出版社2010年版,第37—38页。

[30] See Guth v. Loft, Inc., 5 A 2d 503, 501(Del. 1939).

[31] See Credit Lyonnais Bank Nederland, N. V. v. Pathe Communications Corp., No.Civ. A. 12150, 1991WL277613, at 34, 1155(Del. Ch. Dec. 30, 1991); In re Buckhead America Corp., 178 B. R. 956, 968(D. Del. 1994).

应当对公司本身承担义务,其中包括债权人等利益相关人,因为濒临破产之际,董事为挽回股东损失,可能会从事高风险高回报的投资行为,因此在有限责任的庇护之下,高风险行为的正向收益由股东享有,而负向的损失则是债权人承担。[242]但是,美国公司法相关规定却并未对董事信义义务的指向对象提供明确答案。

随着美国控制股东在公司治理中扮演越来越重要的角色,其地位也逐渐类似于公司的经营者。[243]这些股东不但能够影响公司的交易情况、人事选任以及分红等公司事务,他们还会积极参与公司治理以及经营。在这样的背景之下,美国联邦最高法院在南太平洋公司诉博格特案(Southern Pacific Co. v. Bogert)(1919)[244]中,创设了控制股东的信义义务。法院认为当控制股东(the majority)行使其享有的控制权时,控制股东就像公司自身(the corporation itself)或者管理层和董事那样对少数股东负有信任关系(fiduciary relation)。美国联邦最高法院的这一观点随后被其他法院广泛接受,如加利福尼亚州最高法院在琼斯诉阿曼森公司案(Jones v. H.F. Ahmanson & Co.)(1969)[245]中所阐明的那样,大股东不得利用他们的权力控制公司的活动,以损害其他股东利益的方式使自己获益。

通过上述梳理,将特别表决权股东信义义务受托对象限定为公司和其他股东较为适当。公司是特别表决权股东信义义务的直接指向对象,特别表决权股东任何权利的行使都不能损害公司利益。公司利益的受损会间接伤害其他股东利益,公司组织赋予特

---

[242] 参见陈鸣:《董事信义义务转化的法律构造》,载《比较法研究》2017 年第 5 期。

[243] 同前注[230],Iman Anabtawi 等文。

[244] See Southern Pacific Co. v. Bogert,250 U.S. 483,39 S. Ct. 533.

[245] See Jones v. H.F. Ahmanson & Co.,460 P.2d 464(Cal. 1969).

别表决权股东多数表决权和有限责任的同时,在客观上造成了特别表决权股东与其他股东之间的不平等,这为特别表决权股东欺压其他股东或者损害公司利益创造了可能性,尤其是在公司并购或者关联交易以及分红等情景下,再加上特别表决权持有人董事身份的加持,使得特别表决权股东欺压其他股东的可能性和严重性要远高于"一股一票"结构下的控制股东。

（二）特别表决权股东信义义务的内容

在美国差异化表决权结构（又可称之为"双层股权结构"）中,特别表决权持有人会面临更多约束。在扎恩诉泛美航空公司案（Zahn v. Transameric）（1947）⑳中,特别表决权持有人所获得的利润受到了法院更为严格的审查。该案中,由于持有全部 B 类股（高权重表决权股）的管理层无法对交易提出具有说服力的理由,第三巡回法院允许持有 A 类股（低权重表决权股）的股东,在公司清算前,对其股票回赎提出异议。最终 A 类股东依据清算权（liquidation rights）获得了每股 240 美元的补偿,而非根据回赎（the redemption）获得每股 80 美元的补偿。在差异化表决权结构中,特别表决权股持有人作为管理层承担的责任与商业判断有很大不同,在司法审查上通常会采用实质审查的标准。㉔因为无论是将差异化表决权结构作为防御敌意收购的措施,还是公司改善资本结构的手段,特别表决权持有人都将有获益的空间。当特别表决权持有人作为公司的管理者时与其他股东存在明显的利益冲突,管理者的"忠诚"会受到挑战。无论是法律、公司章程还是股东之间的协议约定,都难以实现面面俱到的清晰界定权责,因为存在着交易成本以及人的有限理性等原因,导致难以做到完备的事前规制,

---

⑳　See Zahn v. Transameric，162 F.2d 36(3d Cir. 1947).

㉔　同前注⑫,Joel Seligman 文。

信义义务是对不完备义务约定的补充。[248]

传统上将信义义务的内容划分为忠实义务（duty of loyalty）和注意义务（duty of care，即勤勉义务），即"二分法"。在美国的司法实践中，随着判例法的发展，在塞得等诉特艺集团案（Cede & Co. v. Technicolor，Inc.）（1993）[249]中，特拉华州最高法院发展出了"三分法"，即原告应当提供证据证明，董事们作出的被质疑的决定，违背了他们的信义义务——善意（good faith）、忠实（loyalty）或者注意（due care）。艾森伯格（Eisenberg）教授认为善意义务基本概念包括主观上的诚实（honesty）或真诚（sincerity），即不得违反适用于商业行为普遍公认的得体标准（standards of decency），不得违反普遍公认的公司基本准则以及对职位的忠诚（fidelity）。[250]在威尔克斯诉斯普林赛德养老院公司案（Wilkes v. Springside Nursing Home，Inc.）（1976）[251]中，马萨诸塞州最高法院的判决要求控制股东的行动也应尽到最大的善意。善意义务是从主体的主观思想的角度出发进行界定的，其内容和执行标准仍然是模糊的，依赖于法官在具体个案中的认定。艾森伯格教授也指出，将某一行为定性为缺乏"善意"，要比为"善意"提供一个一般定义容易得多。[252]善意义务的作用更像是一种兜底性条款，将超出忠实义务和勤勉义务的内容囊括其中。[253]特拉华州衡平法院的副大法官里奥·斯特林

---

[248] 同前注[34]，邓峰书，第442页。

[249] See Cede & Co. v. Technicolor，634 A.2d 345，361(Del. 1993)(Cede Ⅱ).

[250] See Melvin A. Eisenberg, The Duty of Good Faith in Corporate Law, Delaware Journal of Corporate Law 31，1—26(2006).

[251] See Wilkes v. Springside Nursing Home，Inc.，353 N.E. 2d 657，663 (Mass. 1976).

[252] 同前注[250]，Melvin A. Eisenberg 文。

[253] 参见王建文：《论我国构建控制股东信义义务的依据与路径》，载《比较法研究》2020年第1期。

(Leo Strine)指出,信义义务的内容仅包括注意和忠实,而善意只是忠实义务的一个组成部分或者该义务的另一种描述方式。[254]即便将善意视为一种独立的义务,其内容模糊性也可能导致信义义务的过度扩张,特别表决权股东在行使控制权时,为了尽量避免因决策造成的损失会更加谨小慎微,从而可能导致公司错失商业机会,差异化表决权结构的价值也会折损,在规制特别表决权持有人行为的同时,不应当对其施加过重的负担,以免失去该制度原本的灵活性。因此特别表决权股东信义义务的内容主要包括忠实义务和注意义务,[255]其目的在于确保特别表决权股东权力的正当行使。

1. 特别表决权股东的忠实义务

忠实义务作为一种消极义务,表现为对义务人的品德要求,一般表述为义务人不得利用自己的身份或者职位谋取私人利益。[256]这一义务要求义务人在行使控制权时,不得使自己的利益与公司利益和其他股东利益发生冲突,[257]禁止利益冲突、不得谋取私利构成了忠实义务的核心内容。由于董事和高级管理人员受雇于公司并领取薪酬,其代股东管理公司的日常事务,因此应当对公司和股东忠诚。中国《公司法》第148条规定了董事以及高管人员的忠实义务,并通过禁止其做出某些行为的方式加以约束。当特别表决权持有人以董事身份行事时,应当避免利益冲突,即避免自我交易、恶意欺诈行为以及抢夺公司机会,[258]但是特别表决权持有人以股东身

---

[254] 同前注[250],Melvin A. Eisenberg 文。

[255] 参见叶金强:《董事违反勤勉义务判断标准的具体化》,载《比较法研究》2018 年第 6 期。

[256] 同前注[34],邓峰书,第 451 页。

[257] 参见朱慈蕴:《资本多数决原则与控制股东的诚信义务》,载《法学研究》2004 年第 4 期。

[258] See David S. Ruder, Duty of Loyalty—A Law Professor's Status Report, The Business Lawyer 40, 1383—1386(1985).

份行事时是否应当对公司和其他股东负有忠实义务还有待商榷。尤其是对于上市公司而言,面对股权分散以及股东的流动性,很多投资者绝非仅投资一家公司,当与投资者相关的公司之间发生利益冲突时,要求投资者对所有公司保持忠实是不现实的。对普通股东而言确实如此,但是对于特别表决权股东而言,上述股东利益与公司利益之间的分歧并不适用。首先,差异化表决权结构设置的目的在于消除控制权流动性,维持创始人在公司中的控制地位,使创始人及其团队能够更加专注于公司的长期发展,而不必屈服于短期股票收益的压力。差异化表决权结构赋予了创始人及其团队特别表决权,以保障他们对公司控制权的稳定,这样的环境会激励特别表决权持有人为公司的发展投入更多的专用性人力资本,并且通常情况下,采用差异股权结构的公司,其创造性愿景的实现也有赖于特别表决权股东的才能和管理能力。基于特别表决权股东对公司控制权的渴望,以及公司发展对特别表决权股东的高度依赖,差异化表决权结构公司的良性发展要求特别表决权股东的利益应当始终与公司利益保持一致,这一特性决定了特别表决权股东必须忠诚于公司利益,否则将导致差异化表决权结构功能价值的丧失。其次,差异化股权结构下,特别表决权股东享有的高权重表决权并非以资本多数决为基础,而是出于公司章程的约定,其他股东相信特别表决权股东能够给全体股东带来巨大的未来利益。[259]特别表决权股东为了自身利益而抛弃公司的行为,势必会损害其他股东的利益。因此特别表决权股东应当对公司和其他股东负有忠实义务。

2. 特别表决权股东的注意义务

注意或者勤勉义务是一种积极义务,要求义务人在行事时,应

---

[259]　See Snap Inc., Amendment No.2 to Form S-I Registration Statement 130 (Feb. 16, 2017).

做到像处理自己事务一般,谨慎地从事活动。这一义务的目的在于防止义务人因懒惰而怠于履行职权。⑩中国《公司法》第 147 条规定了董事、监事以及高级管理人员对公司负有忠实和勤勉义务。但是公司法却没有对勤勉义务作出任何明确的界定,相较于规则对忠实义务既有原则性规定又有具体的行为规范而言,缺乏对执行的检测准则。㉑注意义务具体内涵在公司法中的标准是极富有争议的,即便是在英美法系,注意义务的内涵及其适用标准也是模糊的,需要法官在具体个案中加以判断。㉒因此注意义务具体内涵的阐释和发展离不开法院的司法裁量和判例总结,由于其中存在较多的不确定性,很难通过事先的条文规定予以界定。

差异化表决权结构公司中,特别表决权股东同时兼具公司所有者和管理者双重身份,对股东会和董事会决议均能产生实质影响,是公司管理团队的核心。尽管股东会决议与董事会决议的事项范围并不相同,但是在有些情况下,特别表决权股东能够利用自己持有的多数表决权通过股东大会将自己的意志上升为公司决议,对公司的生产经营产生直接影响,㉓因此即便特别表决权持有人仅以股东身份行事也应当尽到注意义务或者勤勉义务,并且在对公司事务进行表决时,其应尽注意义务或者勤勉义务的程度不应与其以董事身份行事时有所差异。

只有确保特别表决权股东为了公司利益行事,才能实现设置差异化表决权结构的目的。为了防止特别表决权被滥用,尽管公

㉖　同前注㉞,邓峰书,第 452 页。

㉑　参见胡光、杨署东:《信义义务下的美国小股东保护制度及其借鉴》,载《法律科学》2008 年第 6 期。

㉒　参见徐化耿:《信义义务的一般理论及其在中国法上的展开》,载《中外法学》2020 年第 6 期。

㉓　同前注㉓,王建文文。

司法以及相关规范都对禁止股东权利滥用作出了原则性规定,但是对表决权的行使和以此为基础的公司控制权的行使是否构成滥用,以及由此产生的损害赔偿责任在立法上和学理上均尚未达成共识。在"一股一票"结构下,表决权的行使依照公司法的规定按照资本多数决原则行使表决权,公司章程鲜有对表决权行使作出例外规定。但是在差异化表决权结构中,特别表决权股东的表决权行使依赖于公司章程的约定,因此公司章程为权利设置的边界会对特别表决权滥用的认定产生影响。为了防止章程对特别表决权行使任意设置而产生特别表决权股东利用公司控制权攫取私利,或者压迫其他非控制股东等问题,对特别表决权股东课以信义义务,能够实现公司股东之间内在秩序的平衡。

综上所述,差异化表决权结构体现了公司治理制度对特别表决权股东掌握公司控制权的认可,对特别表决权股东施加信义义务则是为了在其滥用控制权不履行义务时能够对其追责。特别表决权股东因其享有的多数表决权对公司具有支配力,一方面他们可以通过股东大会的表决机制作出利己的公司决议,间接享有控制力带来的溢价;另一方面他们也可以将自己选任为董事,利用董事会直接控制公司的运营,通过高管薪酬、关联交易等方式谋取自己利益最大化。特别表决权持有人在股东和董事的双重身份之下,特别表决权股东的控制力不仅可以影响董事会决议还可以影响股东会决议。尤其是在中国股东会中心主义治理模式下,股东具有相对强势地位和更多的权利。董事会管理公司的权限仅是股东会治理权的衍生物,董事信义义务不足以涵盖中国差异化表决权结构下特别表决权股东应负担的责任和义务。现行的公司治理以及法律规制缺乏对特别表决权股东表决权行使的认可和约束,忽略了特别表决权股东滥用表决权的潜在风险,即由于特别表决权持有人无须为自己的控制权支付"完全对价"便可成为差异化表决权结构公司中的控制股东,其利用控制权攫取私利时所造成的破坏要远大于"一股一票"股权架构下已为控制权支付"完全对价"的控制股东所造成的危害。因此需要构建特别表决权股东的信义义务体系,以约束特别表决权股东滥用权利伤害其他股东的合法权益,另外信义义务的构建也体现了对特别表决权股东在公司治理中的主体地位和价值的确认,促使特别表决权股东规范、合理地行使权力,最大限度地遏制差异化表决权结构所带来的负面影响。

二、强化差异化表决权结构的信息披露

信息对于以市场为基础的投资者保护机制至关重要。充分的信息披露能够减少公司内部人以及投资者之间的信息不对称,控制公司的代理成本,有利于资源的有效配置,促进了资本市场的健康发展,并增强了市场的流动性,甚至有助于降低企业的融资成本。差异化表决权结构作为一种新型的股权架构模式,一方面需要对其证券类别、结构设计作出明确的定义,另一方面还需要对外明确差异化表决权结构与传统"一股一票"表决权结构之间表决机制的区别,以及这样的股权架构会对股东利益造成何种影响。充分披露差异化表决权结构的信息,能够帮助投资者了解该架构的潜在风险,防止投资者因"不明真相"被公司欺诈,从而进一步降低差异化表决权结构公司股东之间的利益冲突。通过借助法律规则的构建,能够弥补市场失灵的不良后果,法律的规范有助于减少差异化表决权结构下,创始人与其他投资者之间的控制权争夺,而其最适合的干预方式就是增加差异化表决权结构上市公司的透明度。

(一)强制性信息披露与持续性信息披露

1. 强制性信息披露

信息公开是维护资本市场有效性的关键,证券市场的有效性

是现代证券监管的基石。证券法规的目的之一就是保护资本市场的有效性,有效的资本市场能够使股票的价格迅速对新的信息作出反映。强制性信息披露有助于保护资本市场的有效运作。由于股票的市值已经充分反映出了上市公司的公开以及未公开的信息,投资者就可以通过证券市场上的股票价格预估出该上市公司未来的股票价值。但是资本市场中,通常投资者无法完全知悉公司的全部信息,或者即便能够知悉公司的部分信息,但是投资者知悉和监督公司的成本过高,使他们只想成为公司信息的被动接收者,因此在证券市场中形成了信息不对称的状态。[264]由于公司部分特定信息是投资者穷尽一切资源都难以得到的,因此必须借由法律的强制性,要求证券发行人予以公开,这样才能降低投资者获得公司信息的成本。

建立差异化表决权结构的强制性信息披露是为了平衡特别表决权股东与其他股东之间的利益冲突,尤其是当特别表决权股东作为管理层时,其和公众股东之间的利益冲突还可能进一步加重。对差异化表决权结构强制性信息披露的要求,除了具有普世性的财务信息报告、公司重大经营事项的披露以及关联企业等披露内容外,还应针对差异化表决权结构的特点作出相应规定。尽管上海证券交易所的科创板和深圳证券交易所的创业板已经要求差异化表决权结构上市公司应当在年报中披露特别表决权股份持有比例、持有人的变化情况、投资者权益的保护情况,以及表决权的调整变化情况,但是未对差异化表决权结构上市公司对外公示方面作出规定。如香港联交所要求以差异化表决权结构上市的公司在其股票代码结尾处作出特殊标记,并要求在所有披露的文件中表

---

[264]　同前注⑯,艾利斯·费伦书,第428—430页。

明差异化表决权结构,以提醒投资者该结构的潜在风险。

完善差异化表决权结构信息披露主要应当从以下几个方面入手:(1)明确披露差异化表决权结构上市公司的经营模式、行业特征以及特别表决权持有人的不可替代性等,对上市公司采用该结构的必要性进行充分说明。(2)要求差异化表决权结构上市公司在其股票代码中作出特别标识,并在所有的公开性文件报告上注明差异化表决权结构。(3)由于沪深两市允许非自然人作为特别表决权的持股主体,因此还应当披露该持股主体的具体情况,充分向投资者披露信息。

2. 持续性信息披露

持续性的信息披露主要是指公司上市之后的定期报告以及临时报告等。域外实践经验表明,上市公司的持续性信息披露规则更适合交由证券交易所来制定。[265]从监管权的来源角度可以将监管途径分为两类:一类是经过法律法规或者行政主体授权一类主体去监管另一类主体,被监管的主体无法摆脱监管,即通常所称的他律监管;另一类监管则是被监管的群体,为了自身的利益,通过选聘一些监管者来监管自己的成员,即自律监管。传统上将证券交易所的监管称为自律监管。尽管政府的他律监管具有权威性高以及强制力强的特点,但是由于他律监管面对的是整个证券市场,因此难免具有反应迟缓、成本高昂以及程序复杂等缺点。而证券交易所处于资本市场的前沿,对各种问题反应迅速,具有很强的专业性和灵活性,能够及时解决问题,而且相较于政府监管具有成本低廉的好处。证券交易所迫于其他交易所之间的竞争压力,为了更好地服务于投资者,也会积极改善交易所的各项规则。

---

[265] 参见廖因知:《中国证券法律事实机制研究》,北京大学出版社 2017 年版,第 61—75 页。

随着中国沪深两市发展日益成熟,对差异化表决权结构持续监管措施的内容和形式的具体规定,应当由政府下放到上海证券交易所和深圳证券交易所进行制定,因为证券交易所是实践差异化表决权制度的第一线,了解不同产业信息披露的差异特点,能够作出更有效的规定。证券交易所制定好持续性信息披露规则后,可报证券监督管理委员会核准,日后也可成为证券监督管理委员会信息披露不实的查处标准。

差异化表决权持续性信息披露的完善主要应当从公司重大交易事项的决策程序和决策的依据方面着手,重点披露股东会表决事项中涉及的特别表决权股东与其他股东之间的利益冲突,并可以聘请第三方的专业团队对特别表决权的行使发表合规意见。另外,会计制度规制水平的提高有助于更好地制衡公司的资本结构,使投资者能够随时了解公司资本结构的相关信息。

（二）确保信息披露的真实性

为了确保强制披露信息的可信度,除了证券法上的反欺诈条款外,还可以采取以下措施。第一种措施是要求特别表决权股东持续持有上市公司一定比例的股份,如公司运营效率低下,那么作为管理层的特别表决权股东会与其他股东共同受损,特别表决权股东持有的资本权益越多,投资者对公司所披露信息的信任度也越高。这一规定已经在上海证券交易所的科创板和深圳证券交易所的创业板的上市规则之中有所体现。[266]第二种措施是公司对外承担一定比例的负债。因为债权人使公司产生了强迫性支付,作为管理层的特别表决权持有人必须努力创造利润,否则公司将走向破产,特别表决权股东为了公司发展的美好愿景,会与其他股东

---

[266]　参见《上海证券交易所科创板股票上市规则》第 4.5.3 条、第 4.5.9 条,《深圳证券交易所创业板股票上市规则》第 4.4.3 条、第 4.4.8 条。

共进退。㉗第三种措施是强化中介机构对差异化表决权结构上市公司信息披露真实性的保证责任。充分发挥保荐人、承销机构、律师事务所以及会计师事务所等专业第三方团队的作用，中介机构应当对其参与的信息披露文件报告的真实性负责。㉘

三、完善差异化表决权结构的退出机制

面对交易所之间的竞争和不同制度之间的竞争，股权结构优劣的设计应当交给市场自由地选择，而法律规则对差异化表决权的规制应当保持中立的态度。接纳差异化表决权结构已经成为一种难以抵挡的趋势，法律制度设计的重心也应当转向差异化表决权结构的内在缺陷和风险。尽管许多采用差异化表决权结构上市的公司，在其首次公开发行初期可能会充分展现其特殊股权结构的优势，但是，我们也不能否认，随着时间推移，这种优势可能会逐渐消退，而潜在的成本将会不断攀升。㉙卢西安·贝布丘克（Lucian Bebchuk）教授和科比·卡斯蒂尔（Kobi Kastiel）教授指出，随着时间的推移，差异化表决权结构的潜在成本将会显现，而潜在的利益则会被侵蚀。㉚当这种情形发生时，即使差异化表决权结构变得低效，但是由于特别表决权持有人能够从控制权中获取私利，他们将仍有动机维持这种已经不再健康，且变得低效的股权结构，此时不应当再继续维持差异化表决权结构的运作，而是应当将特别表决权股份转换为普通表决权股份，以实现公司的健康运营。为了约束特别表决权股东的机会主义行为，平衡高权重表决权股东和低

㉗　同前注③，弗兰克·伊斯特布鲁克等书，第287—290页。

㉘　参见陈洁：《科创板注册制的实施机制与风险防范》，载《法学》2019年第1期。

㉙　例如，作为经营者的创始人可能减少他们在公司中的经济地位，以便分散自身的风险。

㉚　同前注㉔，Lucian A. Bebchuck文。

权重表决权股东之间的利益冲突,最大限度地防止差异化表决权结构因代理成本问题而减损该制度的价值,可以通过如下三种制度方案,实现差异化表决权结构的终止。

（一）日落条款

日落条款是指预先约定日期或者特定事件,在其触发后,高权重表决权股将转化为"一股一票"表决权股,从而消除差异化表决权结构。美国的实践中,日落条款主要可以分为四种不同的类型,即固定期限型日落条款(fixed-time sunset)、事件触发型日落条款(triggering-event sunset)、稀释型日落条款(ownership-percentage sunset)以及特别表决权股转让型日落条款(transfer sunset)。[271]不同类型的日落条款有着不同的功能和目的,而对日落条款的争议主要集中在基于时间的日落条款规制的制定。尽管目前市场还没有仔细地关注如何恰当地构建日落条款,但是学者们一直在试图提供具有愿景的方法。

1. 固定期限型的日落条款

固定期限型日落条款要求,采用差异化表决权结构的公司运营至预先确定的日期时,将会转变为"一股一票"的一元股权架构,通常会在公司章程中约定,自公司首次公开募股之时起算,但是至于"日落"的具体时间点,并无统一规定。[272]固定期限型日落条款为创始人提供了一段确定的期限,以实现创始人对公司发展的独特愿景。在美国实践中,固定期限型日落条款被触发的概率最高,已

[271]　参见沈朝晖:《双层股权结构的"日落条款"》,载《环球法律评论》2020 年第 3 期。

[272]　See, "Investors Petition NYSE, Nasdaq to Curb Listings of IPO Dual-Class Share Companies", Council of Institutional Investors, last modified October 24, 2019, https://www.cii.org/files/issues_and_advocacy/correspondence/FINAL%20Dual%20Class%20Petition%20Press%20Release%20Oct%2024,%202018.pdf.

经有九家采用差异化表决权结构的上市公司,因期限届满,将股权结构转变为了"一股一票"的上市公司。[273]但是固定期限型日落条款最大的挑战在于,应当如何确定触发固定期限型日落条款合适的时间长度。在美国现有的采用固定期限型日落条款的上市公司中,从首次公开发行之日起,短则三年,长则可达二十年之久,[274]对固定期限型日落条款并未形成相对统一的标准,时间长短由公司自行决定。正是由于这种类型的日落条款设有明确的时间,因此也增加了创始人利用其控制权,谋取个人经济利益最大化的动机。

2. 事件触发型的日落条款

正如学者所争论的那样,如果仅仅将时间流逝作为日落条款的触发条件,并不能很好地衡量差异化股权结构的有效性是否已经消失。在某种程度上,日落条款的触发应当是在差异化表决权结构价值开始下降之时,如果将制度设定的关注点更加集中于客观事件,即应当更加关注导致创始人迷失初衷或者致使创始人过度攫取私利的事件。因此,事件触发型日落条款比固定期限型日落条款更加灵活。事件触发型日落条款要求在特殊事件发生时,差异化表决权结构转变为"一股一票"的单层股权结构,例如当创始人丧失能力、死亡或者退休之时。因为当创始人去世或丧失行为能力时,如果仍然保留其享有的高权重表决权,那么公司可能会失去领导或前进方向,这将加剧差异化表决权结构内生缺陷的不

---

[273] See "Sticking around Too Long? Dynamics of the Benefits of Dual-Class Voting", Hyunseob Kim and Roni Michaely, European Corporate Governance Institute, last modified March 13, 2019, https://papers. ssrn. com/sol3/papers. cfm?abstract_id=3145209.

[274] See Fisch, Jill E. and Solomon & Steven Davidoff, The Problem of Sunsets, Boston University Law Review 99, 1057—1080(2019).

利影响。㉕当创始人年老或者丧失能力的时候，这种类型的差异化表决权退出机制安排，能够阻止创始人仍然把有控制权，并且可以防止创始人将控制权转移给其继承人。这样的退出机制能够使创始人在剩余的职业生涯中保持对公司的控制权。中国上海证券交易所的科创板、深圳证券交易所的创业板以及香港证券交易所关于差异化表决权的上市规则中对此均有规定，并且该条规则也深受美国差异化表决权上市公司的欢迎。㉖

尽管事件触发型日落条款能够充分满足企业家的愿景，但是这种类型的日落条款功能有限，基本上等同于特别表决权股东能够终身持有高权重表决权股，对特别表决权股东的制约性相对较弱。尤其是对于年轻的创始人而言，这样的退出机制等同于锁定了他们对公司的长期控制权。一位把控公司几十年的创始人，当他不再是公司的适格领导人时，会对公司经营造成巨大的潜在风险，而这种潜在风险会贯穿于他的整个职业生涯。

3. 稀释型日落条款

卢西安·贝布丘克教授和科比·卡斯蒂尔教授认为差异化表决权结构中，公司控制人享有的高权重表决权和其享有的公司经济权益之间的差距构成了差异化表决权结构的重要问题之一，并把这种差距称为"楔子"（the wedge）。楔子的存在不仅会增加创始人获取私利的动机，还会导致创始人对公司投入的减少，楔子越大其风险也会越高。㉗正是由于这些问题的存在，使稀释型日落条

㉕　同前注⑩，Lucian A. Bebchuck 等文。

㉖　See Andrew William Winden, Sunrise, Sunset: An Empirical and Theoretical Assessment of Dual-Class Stock Structure, Columbia Business Law Review 3, 853—875(2018).

㉗　同前注⑩，Lucian A. Bebchuck 等文。

款有了合理的价值。当创始人享有的高权重表决权与其持有的现金流比例，即楔子比例，达到一定程度时，将会触发稀释型日落条款，从而将差异化表决权结构转化为"一股一票"的表决权结构。有实证研究表明，在美国，设有稀释型日落条款的上市公司通常规定稀释比例为 5% 到 25% 不等，在这些上市公司中，有 54% 的公司将这一触发比例设定为 10%。㉘

尽管在某种程度上，享有高权重表决权的创始人为了避免触发稀释型日落条款，会保留足够的经济利益，通常为 10% 的经济利益，以降低"楔子"的大小，但是在门槛比例的设定上仍显武断，差异化表决权上市公司的这一设定表现出"一刀切"的倾向。稀释型日落条款的目的在于确保创始人在差异化表决权上市公司中保有一定的经济利益，防止创始人的表决权与现金流权过度分离，以免创始人的利益与其他股东的利益产生较大的偏差。㉙当创始人在该公司中的经济利益低于 10% 时其与公司的利益之间将产生分歧，这是一个似是而非的论点，尚缺乏科学的依据。

4. 特别表决权股转让型日落条款

特别表决权股转让型日落条款是一种因特别表决权股转让而导致的多数表决权丧失，从而消除差异化表决权结构的方式。㉚设置这种类型的日落条款目的在于，使创始人不能轻易转移其享有的高权重表决权，降低创始人短期之内退出公司的动机，从而锁定创始人在差异化表决权公司中的利益，激励创始人追求公司的长期发展的价值。

㉘ 同前注㉖，Andrew William Winden 文。

㉙ 同前注㉔，Fisch，Jill E.等文。

㉚ See Clara Hochleitner，The Non-Transferability of Super Voting Power：Analyzing the Conversion Feature in Dual-Class Technology Firms，Drexel Law Review 11，101—118(2018).

但是在这种类型的日落条款下,差异化表决权结构作为一个整体是否会消除,则取决于实际上有多少特别表决权股被转让。㉛这在一定程度上削弱了日落条款的作用。此外,这种类型的日落条款可能会降低控制权市场的变化效率,因为对于潜在的收购方而言,由于特别表决权股的高权重表决权会随着股份转让而消失,收购方不可能通过购买特别表决权股获得公司的控制权;对于创始人而言,因为存在严格的转让条款,也会降低他们转让特别表决权股的动机。㉜

5. 小结

日落条款是防止企业家利用差异化表决权结构"称霸"公司的有效制度之一。日落条款通过约束高权重表决权的方式,平衡特别表决权股东和一般股东之间的不同利益需求,使得一般股东对特别股东的信赖不会落空。某一类型的日落条款对某些公司而言可能是最优选择,但对其他公司而言却并非如此。证券交易所在安排差异化表决权上市公司的日落条款时,可以通过不同类型日落条款的组合实现规则的"个性化定制"。另外,多元化的日落条款组合也可以有效防止特别表决权持有人规避监管。日落条款的设计仅仅是为了防止差异化表决权结构的潜在风险,其本质并不是要抹杀差异化表决权制度的存在,因此上市公司终结差异化表决权结构并不是必然结果。日落条款机制的存在可以在一段时期之后,除去无效的差异化表决权结构。当然,在该结构仍然有效的情况下,也可以通过股东大会决议的方式,经多数股东同意而非多数表决权同意的方式,延长该结构的适用。

㉛ 同前注㉚,Clara Hochleitner 文。

㉜ 同前注⑩,Lucian A. Bebchuck 等文。

（二）打破规则

当公司中出现以极小出资比例通过差异化的表决权安排掌握公司的控制权的情形时，需要给予持有低权重表决权股的股东足以抵抗的手段，以确保这种特殊表决权结构能够被撤销。东京证券交易所在《关于上市审查等的指引》中要求采用差异化表决权结构上市的公司在其章程中设置打破规则。[283]打破规则是指，当收购方取得一定比例的目标公司已经发行在外的股份时，差异化的表决权结构将被取消，根据在东京证券交易所上市的差异化表决权结构公司已有的经验，通常将这一比例设置为75%，[284]以确保控制权市场的外部监督作用仍然具有效力。该规则是东京证券交易所参照《欧盟收购指令》第11条[285]引入的，目的在于防止风险承担与控制权之间过度不成比例。2014年3月，日本Cyberdyne公司首次采用差异化表决权结构在东京证券交易所上市，在其公司章程中对"打破规则"作出了具体规定：当要约收购者在要约发出后，持股比例达到全部已发行股份的75%或以上，则全部高权重表决权股自动转化为"一股一票"的普通股。随后东京证券交易所修改了上市规则，"打破规则"成为差异化表决权结构公司上市的必要规则。[286]当差异化表决权结构变得低效时，该规则可以为外部投资者提供一个有效的"终结手段"。

---

[283] 同前注[14]，朱慈蕴等文。

[284] See "Cyberdyne's dual-class IPO"，Koji Toshima，last modified December 9，2014，https://www.iflr1000.com/newsandanalysis/cyberdynEs-dual-class-lpo/index/1662.

[285] 由于《欧盟收购指令》第12条规定，允许成员国排除适用第11条规则，因此大多数欧盟成员国并没有采用该规则。

[286] See "Cyberdyne's dual-class IPO"，Koji Toshima，last modified December 9，2014，https://www.iflr1000.com/newsandanalysis/cyberdynEs-dual-class-lpo/index/1662.

实际上,采用差异化表决权结构的成本中,相当一部分源于作为监督机制的公司控制权市场的低效。在差异化表决权结构下几乎不可能发生控制权变更,缺乏威胁的管理层因此会降低对股东的责任感。而有效的公司控制权市场能够实现接管或者更换管理层的目的,有助于改善外部监督机制对差异化表决权结构的负面评价。

差异化表决权结构设置的初衷是维护创始人的控制权,具有防范敌意收购的作用。美国将特殊表决权股份不可转让性视为私人之间自愿协商的结果,但是东京证券交易所出于对投资者的保护,将打破条款作为上市的强制性要求。东京证券交易所要求具有差异化表决权的上市公司设置打破规则是出于这样的考虑:一方面东京证券交易所不希望对差异化表决权结构作过多的治理功能上的限制,但是另一方面也不希望公司控制权完全无法转移。东京证券交易所遵循的逻辑基础是基于这样一种事实,即投资者是出于对公司创始人信任,才会投资这种具有差异化表决权结构的公司。[287]

中国的证券交易所也可以要求差异化表决权结构上市公司在其公司章程中作出类似约定,当收购方在公开市场上所持有的股份达到已发行股份的一定比例后,即可触发高权重表决权股转化为"一股一票"的普通股,以防止公司控制权市场的失效。收购方的最低持股比例可以由证券交易所根据中国资本市场的具体情况进行规定,并允许差异化表决权结构上市公司在一定范围内对该比例进行调整。差异化表决权结构内生的风险在客观上就需要规则对其进行适度的限制,以保障其他资本股东的合法权益。将打

---

[287]　参见[奥]克拉拉·霍赫艾特纳:《超级表决权的不可转让性:双重股权结构技术公司中"转换特性"分析》,赵金龙、武瑕译,载《经贸法律评论》2020年第5期。

破规则作为强制性的上市要求,可以防止差异化表决权结构的僵化,在保障差异化表决权结构目的足以实现的基础上,设置适当的退出规则,使控制权市场不至于完全失效,这一做法值得中国差异化表决权制度构建予以参考。

(三)燕尾条款

"燕尾条款"源于加拿大的多伦多证券交易所(Toronto Stock Exchange)的强制性上市要求。燕尾条款是为了保障差异化表决权结构公司发生控制权变更时,高权重表决权股东与"一股一票"的普通股东能够被同等对待,确保所有股东能够在相同的条件下参与公司收购活动。该协议要求收购方向"一股一票"股东发出的要约条件不得低于其向高权重表决权股东开出的条件,如果普通股东无法与高权重表决权股东享有同样公平的收购机会,那么高权重股份的转让将不发生效力。通常情况下,燕尾条款规定当收购方获取的特别表决权股份达到50%时,将会触发燕尾条款。[288]多伦多证券交易所要求采用差异化表决权结构上市的公司在其招股说明书和公司章程中规定燕尾条款,这样特别表决权股东的控制权溢价将会被公司全体股东平等分配,以此来防止特别表决权股东利用公司控制权出售获得溢价从而造成其他非控制股东的利益损失,克服了对特别表决权股东控制权转让过程中获取私人利益的担忧,即降低了特别表决权股东出售公司控制权时将随着控制权而产生的巨额溢价收入囊中,而其他非控制股东不会从交易中获得任何利益的可能性。[289]

---

[288] 高菲:《新经济公司双层股权结构法律制度研究》,法律出版社 2019 年版,第 79 页。

[289] See "Dual-Class Shares", Bentel, Katie and Walter, Gabriel, Comparative Corporate Governance and Financial Regulation, last modified February 2, 2016, http://scholarship.law.upenn.edu/fisch_2016/2.

目前依照加拿大《商业公司法》第6条以及第24条的规定,允许公司设置差异化表决权股份,且未对特别表决权股所附带的表决权数量作出限制。安大略省证券委员会(OSC)对差异化表决权结构上市公司的约束也以信息披露为主,对差异化表决权结构的监管措施非常有限。加拿大对差异化表决权结构施加的最重要限制就是上文中提到的多伦多证券交易所要求实施的"燕尾条款",该规定要求上市公司向非控制股东提供附带保护,这一条款是消除控制股东私人利益的一个关键来源。对加拿大差异化表决权公司进行的实证研究表明,由于"燕尾条款"附加的保护,加拿大的高权重表决权股票的交易溢价在世界上是最小的。[290]很大程度上证实了"燕尾条款"的有效性。

考虑到并购活动中,特别表决权股东作为公司控制人,相较于其他非控制股东而言,在控制权交易的价格以及交易方式等方面存在信息方面的优势,以及磋商方面的优势,因此特别表决权股东能够从中获得溢价,加之特别表决权股东享有的控制力足以促成控制权交易,因此多伦多证券交易所要求差异化表决权公司设置"燕尾条款",使所有股东能够被公平对待。这种保护投资者利益的方式值得我们参考。中国也可以通过证券交易所制定规制的方式,强调公司控制权发生转移时,所有股东均享有同等的控制权交易的条件。

四、完善差异化表决权制度的事后救济

差异化表决权结构并非主流的股权架构,目前法律体系对其约束尚不完善,面对不同主体之间的利益冲突,在实践中难免会产

---

[290]　See Daniel Cipollone, Risky Business: A Review of Dual Class Share Structures in Canada and a Proposal for Reform, Dalhousie Journal of Legal Studies 21, 79—85(2012).

生与之相关的各类纠纷。事前的法律规范或者规则无论制定得多么细致严格，都难以涵盖所有发生争议的情形，特别表决权股东与其他股东(尤其是公众投资者)之间的冲突不可能完全通过事前规则被消灭，因此完整的差异化表决权制度还需要构建有效的事后救济机制，除了将诉讼方式作为股东的最后救济方式外，还可辅之以其他替代性的救济机制，从而实现事后救济机制的灵活性。依据主体的不同，特别表决权滥用的纠纷类型可以分为特别表决权股东与公司之间的纠纷以及特别表决权股东与其他股东之间的纠纷。如果权利仅仅停留在宣誓层面，缺乏救济，那么将很容易导致规则不被遵守的状况。虽然诉讼并不是解决纠纷的唯一方式，但却是最后的救济方式，也是各国公司法保护股东的主要救济方式之一。但是中国解决纠纷的方式倾向于事前的规制，事后责任规制欠缺，这不仅容易造成过度规制，还会增加交易成本。目前上海证券交易所的科创板以及深圳证券交易所的创业板对差异化表决权的约束都以事前规制为主，缺乏有效的事后司法审查机制。本着合法权利受损应当获得相应救济的理念，应当为股东的财产性权益以及个体性权益赋予诉权。

（一）股东集团诉讼制度

证券市场秩序维护除了自律管理之外，还有行政管理、刑事责任追究以及民事责任追究。行政管理机关作为证券市场监督主力，由于人力物力有限难免有顾及不周的地方。而刑事责任的追究仅能作为"最后的手段"，刑法应当慎用少用，如果有其他对违法行为的防治手段，则应当避免刑罚的适用。民事责任之诉作为维系证券市场秩序的方式不仅能够救济受害人，还能在一定程度上起到威慑作用。追究违法者的民事责任不仅能够弥补投资者的损

失,还具有私人协助政府执法的意义。㉑

　　美国对差异化表决权结构的外部约束机制除了全面的强制性信息披露以及严格的自律监管外,一个重要的机制就是集团诉讼制度,通过诉讼的方式挽回投资者利益损失。㉒虽然诉讼并不是解决纠纷的唯一方式,但却是最后的救济方式,也是各国公司法保护股东的主要救济方式之一。在美国,通过向侵害投资者利益的上市公司发起集团诉讼的方式,可以为投资者的合法利益保驾护航。集团诉讼的核心是多个同质性诉讼的加总。集团诉讼仍然是以股东的个体性权利为基础,其中多个原告的诉求具有一致性或者相似性,通过代表人提起诉讼的方式,降低单个诉讼的成本。相较于成本高昂且诉讼机制复杂的派生诉讼而言,集团诉讼因相对成本低廉的优势具有取代派生诉讼的可能性。㉓

　　中国亟须完善差异化表决权制度下中小股东维权的司法救济途径。目前中国尚缺乏私人作为代表提起公益诉讼的机制,其合法性方面仍然存在争议。当投资者面对差异化表决权结构引发的侵害时,由于集体诉讼机制的缺乏,只能由投资者单独提起诉讼进行维权,这样会带来过高的维权成本,从而可能导致投资者对维权的沉默。2019 年修订的《证券法》第 94 条第 3 款新增:为了公司的利益,投资者保护机构可以作为中国股东派生诉讼的提起主体。尽管该条款拓宽了提起派生诉讼的主体范围,但是前提要求投资者保护机构持有该公司的股份,而在现实中,并非每一家差异化表决权结构上市公司中都会有投资者保护机构的参与,因此新规则

　　㉑　参见刘连煜:《新证券交易法实例研习》,元照出版社 2015 年版,第 12—15 页。

　　㉒　参见郭雳、彭雨晨:《双层股权结构国际监管经验的反思与借鉴》,载《北京大学学报(哲学社会科学版)》2019 年第 2 期。

　　㉓　同前注㉞,邓峰书,第 397 页。

的适用范围受限。加之股东派生诉讼若胜诉则利益由公司全体股东共同享有,但是若败诉则不利后果仅由原告独自承担,如此打击了中小投资者维护自身利益的积极性。由此看来,构建集团诉讼制度能为差异化表决权结构公司中的非控制股东带来如下好处:首先,集团诉讼有助于降低中小投资者的诉讼成本,通常情况下中小投资者在差异化表决权结构公司中的持股份额有限,加之诉讼取证费用以及律师费用高昂,尤其是对于公众投资者而言有限的财力使他们无力与大型的上市公司对抗;其次,集团诉讼有助于降低司法成本,上市公司股东众多,若上市公司的违法行为侵犯了多数股东的权益,每一权益受损的股东均单独因类似原因向法院提起诉讼,势必对司法机关的资源造成浪费,加之可能存在"同案不同判"的情形,也会导致不公。但需要注意的是,集团诉讼在美国的成功,与美国的文化、法律环境等因素存在密切关系,该制度能否在中国移植成功,仍需要进一步详细考证。

(二)替代性处理机制

除了司法诉讼之外,政府的监管部门以及证券交易所等自律监管机构也能为差异化表决权结构引发的纠纷提供事后救济措施。事后救济措施的目的在于定分止争,在保护非控制股东合法性权益的同时对特别表决权股东形成约束。政府的证券监管部门在投资者保护以及维护证券市场秩序方面具有权威性,而证券市场的自律监管部门则时刻处于资本市场的一线,对各种纷争具有高度的敏感性和专业性,因此可以利用政府监管部门和自律机构的权威性以及中立性,为差异化表决权制度纠纷提供多元化的处理方式。主要可以采用以下两种方式。

1.采用仲裁的方式

仲裁是解决民事纠纷的有效方式之一。差异化表决权结构中特别表决权股东与其他非控制股东之间的纠纷,本着平等自愿的原则,可以通过仲裁的方式解决争议。通过仲裁解决差异化表决权结构的民事纠纷具有以下优点:(1)仲裁具有很强的灵活性和保密性。相较于司法裁判而言,仲裁更加具有弹性,当事人可以通过协商决定仲裁过程中的具体程序,能够充分体现当事人的意思自治。而且仲裁可以不公开审理,且仲裁相关人员负有保密义务,尤其对于商事纠纷而言,不必担心商业秘密的泄露。(2)仲裁具有专业性和独立性。仲裁员通常是由经验丰富的专家担任,仲裁机构往往拥有资源丰富的专家库,能够应对涉及技术性较强的特殊领域的民商事纠纷。且其独立于行政机关,与其他仲裁机构之间也不存在隶属关系,不易受他人干涉,具有很强的独立性。(3)仲裁具有高效便捷的特点。仲裁实行一裁定终局的裁决方式,仲裁庭裁决一经作出即刻发生法律效力,当事人之间的纠纷能够快速解决,从而有效降低了纠纷解决的时间成本。

2.采用调解的方式

目前中国调解主要包括诉讼调解、行政调解、仲裁调解以及人民调解四种形式。调解能够促进纠纷各方主体相互谅解,在自主自愿的条件下达成有效的解决协议,从而消除纠纷。2019年《证券法》第94条为纠纷调解提供了有益的尝试。该条款指出,当投资者与证券发行人或者证券公司等产生利益冲突时,当事人双方均可向投资者保护机构申请调解。根据《证券法》第90条的规定,投资者保护机构作为自律性组织,能够成为连接当事各方的桥梁,可以作为第三方在纠纷中调停疏导,促成各方当事人之间矛盾化解。通过调解方式平息纠纷能够降低成本,提高纠纷解决的效率并有利于促进各方当事人的和谐关系,且达成的调解协议同样具有执行力。将调解作为差异化表决权制度纠纷解决的前置程序,也有助于投资者权益保护。

结　　论

在全球化的背景之下,面对不同国家企业之间的竞争以及各个资本市场的不断扩大,所有的变化都在以超越国界的方式发展着。差异化表决权结构作为一种颠覆传统"一股一票"表决权结构的制度创新,被越来越多的国家和资本市场所接纳。中国资本市场在实践层面已经接纳了差异化表决权结构,这意味着公司法和证券法将会为差异化表决权结构的应用作出修改。差异化表决权结构存在的最大的制度性难题在于:应当如何再次平衡风险投资者和公司创始人之间的关系。尽管差异化表决权结构对企业家而言,具有不可替代的作用和价值,并且其有效性在实践中被不断证明,但是这一股权架构自身的内在缺陷也是不容否认的,其中所蕴含的股东之间的利益冲突成为了关注的焦点。为了吸引全球资本以及辅助科技创新型企业的蓬勃发展,在不断进行制度创新的同时,还需要通过相对完善的制度保障来营造良好的营商环境。针对差异化表决权结构中突出的矛盾焦点,设计适当的利益平衡机制,对于实现差异化表决权制度的良性发展尤为重要。本书以差异化表决权结构之中特别表决权股东与其他非控制股东之间的利益冲突为出发点,对这种非典型的股权架构进行了研究,并寻求相应的平衡机制,为笔者今后更为细致深入的研究作了铺垫。

无论何种制度的引进和创新均需要以本土法制发展为基石。差异化表决权结构自被创造之日起,便饱受争议。即便是在差异化表决权制度发展已逾百年的美国,对这种特殊股权架构的争论也从未停歇。差异化的表决权安排几经沉浮,在当今的资本市场中再次引发了关注。差异化表决权架构突破了"一股一票"表决权结构下股东的参与性权利与经济性权利之间的平衡,重新调整了公司控制权的配置,而公司控制权的重新分配,势必会引发一些成本的降低和另一些成本的增加,呈现出一种此消彼长的态势,由此造成了作为控制股东的特别表决权股东和其他非控制股东之间的紧张关系,这是存在于差异化表决权结构之中的主要矛盾,构成了中国差异化表决权制度构建的着眼点。

中国差异化表决权结构中,享有高权重表决权的特别表决权股属于类别股的一种,并且该股权架构中的特别表决权股与"一股一票"股权架构中的优先股和黄金股存在本质区别。差异化表决权结构具有四个维度的独特价值:首先,差异化表决权制度有助于消解公司创始人融资与公司控制权维持之间的矛盾;其次,有助于公司形成最优决策;再次,切合科技创新型企业对人力资本的特殊需求;最后,能够降低公司的运作成本。对差异化表决权制度的认可体现了对公司自治的尊重。在商业实践中,差异化表决权结构存在多种样态,其表现形式显然比中国证券交易所上市规则中所允许的特别表决权股更加丰富。差异化表决权结构体现了股东异质性需求,以及对商业发展的适应性,迫切需要法律认可,正如熊秉元教授所言,"法律是演化而来的,基础在于人类社会的实际经验"。差异化表决权结构与股东民主、股权平等以及股东权利配置之间的矛盾,如果缺乏有效监管可能导致内外部监督机制的失衡,加剧公司代理问题的恶化,最终对投资者造成损害,需要在法律层面对其进行约束,并在司法层面为投资者提供救济渠道。面对这些矛盾,公司法在利益均衡过程中,应当充分发挥公司法的"选择性"功能而非被动地"填补缝隙",在差异化表决权制度设立过程中,为公司预留一定的自治空间,为其自行解决内部矛盾留下余地。

通过研究总结域外发达资本市场对差异化表决权结构的约束性规定发现,各个国家和地区法律制度对差异化表决权的接受主要分为两类,一类是基于商业历史发展自发形成并被法律所接受,如美国和欧洲;另一类则是基于资本市场竞争的压力,由法律主动吸收该制度并针对本国情况进行特别规制,如新加坡和日本。为了促进科技创新型企业的发展,各个国家和地区接纳差异化表决权制度已经成为一种趋势。对非公开公司采用差异化表决权结构的约束较少,因为非公开公司具有很强的人合性,能够充分沟通并达成协议,出于对意思自治的尊重并不会作过多干涉。但对于上市公司而言,公司具有很强的公众性,投资者并不能通过充分沟通的方式保护自己的合法权益,需要通过外部规则来实现特别表决权股东与其他股东之间的利益平衡。为了防止差异化表决权制度损害投资者利益,各个国家和地区公司法以及证券交易所的上市规则普遍从差异化表决权结构公司发行的股票类别、特别表决权股票权利内容、发行条件、股份类别变动以及反对该结构的股东救济等方面对差异化表决权结构的适用作出了相对细致却较为零散的规制。

目前中国对差异化表决权结构的约束以证券交易所的上市规则为主,尚缺乏法律规范层面对差异化表决权结构的认可与规制,亟须构建差异化表决权结构多层次的规范体系,以实现中国差异化表决权制度的构建。就目前证券交易所对差异化表决权结构上市公司的具体规范而言，对采用这种特殊股权架构的公司内部监督机制关注不足，且缺乏多样的退出机制和事后纠纷解决机制。尽管通过上海证券交易所科创板以及深圳证券交易所创业板上市规则的制定和实施，中国已经初步构建了差异化表决权制度，但是仍然有继续完善的必要。

中国对差异化表决权制度的监管应该形成多层次的规范体系，这样既能保障差异化表决权结构自身运用的灵活性，又能防范差异化表决权结构内生缺陷导致的非控制股东利益受损的情形。经过对差异化表决权制度的域外考察发现，许多国家和中国香港地区首先在立法层面对差异化表决权结构予以认可，然后再通过证券交易所制定上市公司采用差异化表决权结构的限制性规定。但中国先在实践层面接纳了差异化表决权结构，亟须在法律层面为其提供稳定的基础。具体而言，首先，应当在法律层面明确差异化表决权结构的合法性，对差异化表决权制度作出原则性以及基础性的规定。提高差异化表决权结构的立法层级有助于在实践层面以及司法层面保障差异化表决权制度的实施。但是，法律层面不宜对差异化表决权结构的适用作出过于详尽的约束，以免损害差异化表决权结构自身的灵活性，致使差异化表决权制度设立的初始目的难以实现。例如，可以在《公司法》中明确规定适用"一股一票"的表决权结构为基本原则，而差异化的表决权结构仅作为例外情形允许有限责任公司以及股份有限公司适用。另外，还应当在《公司法》的股东大会、董事会以及监事会等相关章节增设差异化表决权结构中的特殊要求。还可以在《证券法》中补充与差异化表决权结构公司上市发行股份相关的特殊信息披露规则以及投资者适当性原则等。

其次,中国的差异化表决权制度处于刚刚起步状态,在法律法规的制定过程中难以预见全部矛盾,加之为了防止法律法规对差异化表决权制度的过度干涉,以及避免法律规范因稳定性等特点导致的难以及时修订的问题,对差异化表决权制度进一步细化的规定可以交由证券监管部门和证券交易所等机构予以制定。充分利用证券交易所的自律性监管对差异化表决权结构作出详尽且具有统一标准的约束性规定。证券交易所作为长期驻守一线的中立组织,通过上市规则的要求,可以对差异化表决权结构上市公司作出具有针对性的约束。上市规则的制定相较于法律规范的制定,具有较强的灵活性,可以根据实践中出现的问题及时调整规范的具体内容。例如,关于差异化表决权结构退出机制的设定,以及将来随着中国资本市场日益成熟是否允许发行无表决权普通股等规定,均可由证券交易所在授权范围内予以细化规定。

关于差异化表决权制度构建的具体内容,笔者认为至少应当包括以下几个方面:第一,差异化表决权结构的适用主体以及不同表决权层级安排。依照中国现阶段资本市场的发展状况,将差异化表决权结构的适用范围限定在科技创新型企业,但是随着相关制度的不断完善和成熟,应当为差异化表决权结构适用主体范围的扩大预留空间。同理,由于中国现阶段投资者以及资本市场成熟度不足,目前中国仅允许发行高权重表决权股,禁止风险更高的无表决权普通股的发行,但是随着经济的发展需求也在不断变化,应当为差异化表决权结构内层发展预留适当的空间。因此笔者认为法律层面仅需确认差异化表决权结构的合法性即可,至于其适用主体和内在的表决权层级安排则可以交由下位规范或者证券交易所来调整,由此可以依据具体的市场情况,灵活放宽或者收紧差异化表决权结构的适用。第二,差异化表决权结构的设立节点。

应当在立法层面明确公司仅能在首次公开发行之时或者首次公开发行之前设立差异化表决权结构,已上市公司不得通过任何方式转变为差异化表决权结构。公司股权结构的转变会对公司的实际控制情况造成实质影响,属于公司重大事项的变更,不能仅凭少数人的意志作出改变。公司上市之后想要转变股权结构,就需要与众多公众股东达成一致决议,而这显然是不可能的,若在未达成合意的情形下,上市公司强行改变股权结构,则意味着改变了与公众投资者之间的契约,严重损害了公众投资者的利益,这是被严格禁止的。公司中差异化表决权结构的构建应当严格遵守一定的程式,以确保公司的股东在充分知悉差异化表决权结构利弊的情况下达成合意,以免公司股东在不知情的情况下被盘剥。第三,构建配套的差异化表决权投资者保护措施。为了缓解因差异化表决权制度导致的股东之间的利益失衡,在投资者保护措施构建方面,应当对中小投资者予以倾斜保护,并通过多种安排防止特别表决权股东滥用其享有的超额表决权。在具体制度安排方面,应当强化特别表决权股东的信义义务,对采用差异化表决权结构上市的公司附加更为严苛的信息披露义务,其中包括对差异化表决权结构中特别表决权持有主体的限制、对特别表决权行使的约束、差异化表决权结构存续的限定,并为投资者提供多种退出机制,以防止该表决权结构因为失效而损害投资者的利益。第四,构建完整的差异化表决权制度,还需要有事后的纠纷解决机制,将投资者保护全面落实。全方位、多层次地构建差异化表决权制度,通过外部配套措施实现特别表决权股东与其他股东之间的利益均衡。

越来越多的国家和地区开始允许采用差异化表决权结构的公司上市,不仅是由于资本市场竞争的压力以及科技创新型公司的需求,还得益于投资环境的改善和对投资者保障措施的优化,这些配套措施不仅为差异化表决权结构目的的实现保驾护航,还尽可能地降低了由差异化表决权结构引发的利益失衡。因此,中国差异化表决权结构的健康发展,离不开本土化的配套制度的构建和完善。差异化表决权制度的构建以差异化表决权结构为核心,并配合一系列监管措施,防止特别表决权股东享有的超额表决权因持有者的私利动机被滥用。但是所有监管安排都会面临被规避的问题。只不过一般而言,享有高权重表决权的企业家们,规避差异化表决权监管制度的动机要远远低于规避禁止差异化表决权结构使用的动机。[24]毕竟在禁止差异化表决权结构的国家,企业家们也会通过其他更为隐蔽的方式获取公司的实际控制权。另外我们需要明确的一点是,无论多么巧妙的制度设计都无法完全抹平不同利益主体之间的冲突和矛盾,制度只能通过利益衡量尽可能地去调整失衡的状态。制度完善是一个动态的过程,在纷繁的冲突实践中,不断得到补充和修正。

---

[24]　同前注[107],Lucian A. Bebchuck 等文。

参 考 文 献

一、中 文 文 献

（一）书籍

［1］邓峰：《普通公司法》，中国人民大学出版社 2009 年版。

［2］李珂、叶竹梅：《法经济学基础理论研究》，中国政法大学出版社 2013 年版。

［3］王永红：《股权控制与运营解决方案》，中国经济出版社 2017 年版。

［4］马永斌：《公司治理之道》，清华大学出版社 2013 年版。

［5］刘连煜：《新证券交易法实例研习》，元照出版社 2015 年版。

［6］张巍：《资本的规则》，中国法制出版社 2017 年版。

［7］王继远：《控制股东对公司和股东的信义义务》，法律出版社 2010 年版。

［8］刘俊海：《股份有限公司的股东权保护》，法律出版社 2004 年版。

［9］熊秉元：《法的经济解释》，东方出版社 2017 年版。

［10］熊秉元：《正义的成本》，东方出版社 2014 年版。

［11］梁上上：《利益衡量论》，法律出版社 2016 年版。

［12］楼建波：《金融商法的逻辑》，中国法制出版社 2017 年版。

［13］朱长春：《公司治理标准》，清华大学出版社 2014 年版。

［14］罗培新：《公司法的法律经济学研究》，北京大学出版社 2008 年版。

［15］高菲：《新经济公司双层股权结构法律制度研究》，法律出版社 2019 年版。

［16］王继远：《控制股东对公司和股东的信义义务》，法律出版社 2010 年版。

［17］丁丁：《商业判断规则研究》，吉林人民出版社 2004 年版。

［18］赵金龙：《股东民主论》，人民出版社 2013 年版。

［19］罗培新：《公司法的法律经济学研究》，北京大学出版社 2008 年版。

［20］周雪光：《组织社会学十讲》，社会科学文献出版社 2003 年版。

［21］罗培新：《公司法的合同解释》，北京大学出版社 2004 年版。

［22］李维安、郝臣编著：《公司治理手册》，清华大学出版社 2015 年版。

［23］王永红：《股权控制与运营解决方案》，中国经济出版社 2017 年版。

［24］周军：《公司控制权研究》，人民出版社 2016 年版。

［25］仲继银:《公司治理机制的起源与演进》,中国发展出版社 2015 年版。

［26］朱锦清:《证券法学》,北京大学出版社 2019 年版。

［27］朱锦清:《公司法学》,清华大学出版社 2017 年版。

［28］赵万一:《证券市场投资者利益保护法律制度研究》,法律出版社 2014 年版。

［29］王保树:《商法经济法的动与静》,法律出版社 2015 年版。

［30］汪青松:《股份公司股东权利配置的多元化模式研究》,中国政法大学出版社 2015 年版。

［31］汪青松:《股份公司股东异质化法律问题研究》,光明日报出版社 2011 年版。

［32］张康之:《公共行政的行动主义》,江苏人民出版社 2014 年版。

［33］刘俊海:《商法源流论——以商法结构变迁为视角》,中国经济出版社 2011 年版。

［34］梁上上:《论股东表决权——以公司控制权争夺为中心展开》,法律出版社 2005 年版。

［35］苏龙飞:《股权战争》,北京大学出版社 2012 年版。

［36］董安生:《多层次资本市场法律问题研究》,北京大学出版社 2013 年版。

［37］范健、王建文:《公司法》(第五版),法律出版社 2018 年版。

［38］黄辉:《现代公司法比较研究——国际经验及对中国的启示》,清华大学出版社 2011 年版。

［39］[英]保罗·戴维斯、[英]莎拉·沃辛顿:《现代公司法原

理》,罗培新等译,法律出版社 2016 年版。

[40][英]艾利斯·费伦:《公司金融法律原理》,罗培新译,北京大学出版社 2012 年版。

[41][英]杰弗里·M. 霍奇逊:《制度经济学的演化》,杨虎涛等译,北京大学出版社 2012 年版。

[42][英]亚当·斯密:《国民财富的性质和原因的研究》,郭大力、王亚南译,商务印书馆 1994 年版。

[43][美]克里斯多夫·M. 布鲁纳:《普通法世界的公司治理:股东权力的政治基础》,林少伟译,法律出版社 2016 年版。

[44][美]圭多·卡拉布雷西:《法和经济学的未来》,郑戈译,中国政法大学出版社 2019 年版。

[45][美]罗伯塔·罗曼诺:《公司法基础》(第二版),罗培新译,北京大学出版社 2013 年版。

[46][美]莱纳·卡拉克曼、[美]亨利·汉斯曼:《公司法剖析:比较与功能的视角》(第二版),罗培新译,法律出版社 2012 年版。

[47][美]弗兰克·H. 伊斯特布鲁克等:《公司法的逻辑》,黄辉译,法律出版社 2016 年版。

[48][美]弗兰克·伊斯特布鲁克、[美]丹尼尔·费希尔:《公司法的经济结构》,罗培新等译,北京大学出版 2014 年版。

[49][美]阿道夫·A. 伯利、[美]加德纳·C. 米恩斯:《现代公司与私有财产》,甘华鸣等译,商务印书馆 2005 年版。

[50][日]神田秀树:《公司法的精神》,朱大明译,法律出版社 2016 年版。

[51][德]萨维尼、[德]格林:《萨维尼法学方法论讲义与格林笔记》,杨代雄等译,法律出版社 2014 年版。

[52] [法]韦罗妮克·马尼耶主编:《金融危机背景下的上市公司治理——旨在更好地保护公司利益》,姜影译,法律出版社2014年版。

[53] [意]F.卡尔卡诺:《商法史》,贾婉婷译,商务印书馆2017年版。

[54] [美]斯蒂芬·M.贝恩布里奇:《理论与实践中的新公司治理模式》,赵渊译,法律出版社2012年版。

[55] [美]科斯、[美]诺斯、[美]威廉姆森等:《制度、契约与组织——从新制度经济学角度的透视》,刘刚等译,经济科学出版社2002年版。

[56] [美]曼瑟尔·奥尔森:《集体行动的逻辑》,陈郁等译,格致出版社2014年版。

[57] [英]安德鲁·凯伊:《公司目标》,孙宏友等译,中国人民大学出版社2014年版。

[58] [美]埃里克·A.波斯纳:《法律与社会规范》,沈明译,中国政法大学出版社2004年版。

[59] [美]迈克尔·D.贝勒斯:《程序正义——向个人的分配》,邓海平译,高等教育出版社2005年版。

[60] [美]埃里克·施密特、[美]乔纳森·罗森博格、[美]艾伦·伊戈尔:《重新定义公司:谷歌是如何运营的》,靳婷婷译,中信出版社2019年版。

[61] [美]大卫·弗里德曼:《经济学语境下的法律规则》,杨欣欣译,法律出版社2004年版。

[62] [美]罗纳德·A.安德森、[美]伊凡·福克斯:《商法与法律环境》,韩建等译,机械工业出版社2003年版。

[63] [美]安德鲁·A.肖特:《社会制度的经济理论》,陆铭译,

上海财经大学出版社 2003 年版。

[64] [美]约翰·米德克罗夫特:《市场的伦理》,王首贞等译,复旦大学出版社 2012 年版。

[65] [英]罗纳德·拉尔夫·费尔摩里:《现代公司法之历史渊源》,虞政平译,法律出版社 2007 年版。

[66] [美]肯特·格林菲尔德:《公司法的失败:基础缺陷与进步可能》,李诗鸿译,法律出版社 2019 年版。

[67] [美]道格拉斯·诺思:《理解经济变迁的过程》,钟正生等译,中国人民大学出版社 2013 年版。

[68] [德]卡尔·拉伦次:《法学方法论》,陈爱娥译,商务印书馆 2004 年版。

[69] [美]查理德·波斯纳:《法律的经济分析》,蒋兆康译,法律出版社 2012 年版。

[70] [美]尼古拉斯·麦考罗:《经济学与法律》,吴晓露等译,法律出版社 2009 年版。

[71] [英]伯特兰·罗素:《权威与个人》,肖巍译,中国社会科学出版社 1990 年版。

[72] [法]卢梭:《社会契约论》,何兆武译,商务印书馆 2005年版。

[73] [美]约翰·S. 戈登:《伟大的博弈:华尔街金融帝国的崛起》,祁斌译,中信出版社 2011 年版。

[74] [美]罗纳德·哈里·科斯:《企业、市场与法律》,盛洪等译,三联书店 1990 年版。

[75] [美]米尔霍普、[德]皮斯托:《法律与资本主义》,罗培新译,北京大学出版社 2010 年版。

（二）论文

[1] 汪青松、赵万一：《股份公司内部权力配置的结构性变革——以股东"同质化"假定到"异质化"现实的演进为视角》，载《现代法学》2011 年第 3 期。

[2] 王灏文：《美国类别股法律制度探源：背景、进程及内在逻辑》，载《证券法苑》2018 年第 2 期。

[3] 王建文：《论我国构建控制股东信义义务的依据与路径》，载《比较法研究》2020 年第 1 期。

[4] 王莹莹：《信义义务的传统逻辑与现代构建》，载《法学论坛》2019 年第 6 期。

[5] 梁上上：《表决权拘束协议：在双重结构中生成与展开》，载《法商研究》2004 年第 6 期。

[6] 汪青松：《一元股东权利配置的内在缺陷与变革思路》，载《暨南学报（哲学社会科学版）》2016 年第 8 期。

[7] 汪青松：《论股份公司股东权利的分离——以一股一票原则的历史兴衰为背景》，载《清华法学》2014 年第 2 期。

[8] 陈怡璇：《国企金股制：戴着脚镣的舞蹈》，载《上海国资》2014 年第 6 期。

[9] 冯果：《股东异质化视角下的双层股权结构》，载《政法论坛》2016 年第 4 期。

[10] 王玉海：《诺斯"适应性效率"理论评述——兼评"诺斯第二悖论"》，载《政治经济学评论》2005 年第 1 期。

[11] 于莹、潘林：《适应性效率理论与公司法的适应性》，载《吉林大学社会科学学报》2013 年第 6 期。

[12] 于莹、潘林：《优先股制度与创业企业——以美国风险投资为背景的研究》，载《当代法学》2011 年第 4 期。

［13］潘林：《优先股与普通股的利益分配——基于信义义务的制度方法》，载《法学研究》2019 年第 3 期。

［14］王妍：《公司制度研究：以制度发生学为视角》，载《政法论坛》2016 年第 3 期。

［15］王晓菡：《论股东表决权的扩张》，载《贵州大学学报》2018 年第 3 期。

［16］朱慈蕴、沈朝晖：《类别股与中国公司法的演进》，载《中国社会科学》2013 年第 9 期。

［17］张舫：《美国"一股一权"制度的兴衰及其启示》，载《现代法学》2012 年第 3 期。

［18］马一：《股权稀释过程中公司控制权保持：法律途径与边界》，载《中外法学》2014 年第 3 期。

［19］郑志刚：《中国公司治理现实困境解读：一个逻辑分析框架》，载《证券市场导报》2018 年第 1 期。

［20］蒋学跃：《公司双重股权结构问题研究》，载《证券法苑》2014 年第 4 期。

［21］刘道远：《效率与公平：公司法制度设计的价值选择》，载《中国工商管理研究》2013 年第 12 期。

［22］傅穹、杨金慧：《不同投票权制度：争议中的胜出者》，载《证券法苑》2018 年第 2 期。

［23］陈彬：《双重股权结构制度改革评析——新加坡公司法的视角》，载《证券市场导报》2016 年第 7 期。

［24］高菲：《新加坡双层股权结构立法改革及其对中国的启示》，载《广西政法管理干部学院学报》2019 年第 2 期。

［25］夏雯雯：《新加坡上市公司双层股权结构限制性条款研究》，载《金融市场研究》2018 年第 11 期。

［26］巴曙松、巴晴：《双重股权架构的香港实践》，载《中国金融》2018 年第 11 期。

［27］安邦坤：《审慎推动双重股权结构公司上市》，载《中国金融》2018 年第 4 期。

［28］赵旭东：《公司治理中的控股股东及其法律规制》，载《法学研究》2020 年第 4 期。

［29］甘培忠：《公司控制权正当行使的制度经纬》，载《私法》2005 年第 2 期。

［30］蔡立东：《公司制度生长的历史逻辑》，载《当代法学》2004 年第 6 期。

［31］张曙光：《论制度均衡和制度变革》，载《经济研究》1992 年第 6 期。

［32］徐晓松：《层股权结构在中国：市场需求与立法认可》，载《天津师范大学学报》2018 年第 1 期。

［33］刘胜军：《新经济下的双层股权结构：理论证成、实践经验与中国有效治理路径》，载《法学杂志》2020 年第 1 期。

［34］朱德芳：《双层股权结构之分析——以上市柜公司为核心》，载《月旦法学杂志》2018 年第 3 期。

［35］李安安：《股份投票权与收益权的分离及其法律规制》，载《比较法研究》2016 年第 4 期。

［36］周游：《股权的利益结构及其分离实现机理》，载《北方法学》2018 年第 3 期。

［37］周游：《公司法上的两权分离之反思》，载《中国法学》2017 年第 4 期。

［38］黄辉：《公司资本制度改革的正当性：基于债权人保护功能的法经济学分析》，载《中国法学》2015 年第 6 期。

[39] 李昌麒:《论经济法语境中的国家干预》,载《重庆大学学报》2008 年第 4 期。

[40] 冯果、李安安:《家族企业走向公众企业过程中的公司治理困局及其突围》,载《社会科学》2011 年第 2 期。

[41] 金晓文:《论双层股权结构的可行性和法律边界》,载《法律适用》2015 年第 7 期。

[42] 刘胜军:《新经济下的双层股权结构:理论证成、实践经验与中国有效治理路径》,载《法学杂志》2020 年第 1 期。

[43] 林海、常铮:《境外资本市场差异化表决权监管路径探究及启示》,载《证券法苑》,2018 年第 1 期。

[44] 汪青松、肖宇:《差异化股权制度东渐背景下的中小股东保护》,载《投资者》2018 年第 3 期。

[45] 张巍:《双重股权结构的域外经验与中国应对》,载《财经法学》2020 年第 1 期。

[46] 郭雳、彭雨晨:《双层股权结构国际监管经验的反思与借鉴》,载《北京大学学报》2019 年第 3 期。

[47] 沈朝晖:《双层股权结构的"日落条款"》,载《环球法律评论》2020 年第 3 期。

[48] 汪青松:《公司控制权强化机制下的外部投资者利益保护——以美国制度环境与中概股样本为例》,载《环球法律评论》2019 年第 5 期。

[49] 郑彧:《双重股权结构:历史的进路与利益的平衡》,载《证券法苑》2020 年第 1 期。

[50] 杨辰:《科创板表决权差异化安排下的投资者保护——以公司内部治理为视角》,载《湖北经济学院学报》2020 年第 8 期。

[51] 朱慈蕴、[日]神作裕之、谢段磊:《差异化表决制度的引

入与控制权约束机制的创新》，载《清华法学》2019 年第 2 期。

［52］汪青松、李仙梅：《差异化股权结构的控制权强化及约束机制——以科创板相关制度设计为视角》，载《南方金融》2020 年第 8 期。

［53］傅穹、卫恒志：《表决权差异安排与科创板治理》，载《现代法学》2019 年第 11 期。

［54］陈雪萍：《程序正义视阈下公司决议规则优化之路径》，载《法商研究》2019 年第 1 期。

［55］甘培忠、雷驰：《公司社会责任的制度起源与人文精神结构》，载《北京大学学报》2019 年第 2 期。

［56］曹兴权：《股东表决权滥用的认定》，载《证券法苑》2018 年第 1 期。

［57］蒋大兴、学前强：《股东大会授权董事会的法理分析——基于理论与实践的双重解读》，载《投资者》2018 年第 3 期。

［58］李燕：《双层股权结构公司特别表决权滥用的司法认定》，载《现代法学》2020 年第 5 期。

［59］王莹莹：《信义义务的传统逻辑与现代构建》，载《法学论坛》2019 年第 6 期。

［60］朱大明：《美国公司法视角下控制股东信义义务的本义与移植的可行性》，载《比较法研究》2017 年第 5 期。

［61］朱慈蕴：《资本多数决原则与控制股东的诚信义务》，载《法学研究》2004 年第 4 期。

［62］徐化耿：《信义义务的一般理论及其在中国法上的展开》，载《中外法学》2020 年第 6 期。

［63］胡光、杨署东：《信义义务下的美国小股东保护制度及其借鉴》，载《法律科学》2008 年第 6 期。

［64］于莹:《股权转让自由与信赖保护的角力——以股东优先购买权中转让股东反悔为视角》,载《法制与社会发展》2020 年第 2 期。

［65］梁上上:《人力资源出资的利益衡量与制度设计》,载《法学》2019 年第 3 期。

［66］周游:《从被动填空到主动选择:公司法功能的嬗变》,载《法学》2018 年第 2 期。

［67］于莹:《民法基本原则与商法漏洞填补》,载《中国法学》2019 年第 4 期。

［68］冯果、段丙华:《公司法中的契约自由——以股份处分抑制条款为视角》,载《中国社会科学》2017 年第 3 期。

［69］陈洁:《科创板注册制的实施机制与风险防范》,载《法学》2019 年第 1 期。

［70］王倩:《论股东异质化背景下股东权利差异化配置及其利益平衡——兼评科创板"表决权差异安排"章节》,载《证券法苑》2019 年第 2 期。

［71］李东方:《证券监管法的理论基础》,载《政法论坛》2019 年第 3 期。

［72］卢凌:《机构投资者、公司治理与企业债权代理成本》,江西财经大学 2019 年博士学位论文。

［73］卫恒志:《双层股权结构法律制度研究》,吉林大学 2019 年博士学位论文。

［74］黄权伟:《我国公司类别股立法研究》,郑州大学 2018 年博士学位论文。

［75］张占峰:《我国移植双层股权结构法律制度问题研究》,对外经贸大学 2018 年博士学位论文。

［76］黄臻：《双层股权结构公司的投资者保护问题研究》，华东政法大学 2015 年博士学位论文。

［77］谭婧：《双层股权结构下的利益冲突与平衡》，华东政法大学 2015 年博士学位论文。

（三）网络资料

［1］香港联交所，京东集团股份有限公司，（2020-06-17）［2020-09-15］，https：//www.hkexnews.hk/。

［2］上海证券交易所，优刻得科技股份有限公司，（2020-01-20)［2020-01-25］，http：//www.sse.com.cn/assortment/stock/list/info/company/index.shtml?COMPANY_CODE＝688158。

二、外 文 文 献

（一）书籍

［1］William Z. Ripley，Main Street and Wall Street，Little，Brown，and Company，1927.

［2］Berle，Means，The Modern Corporation and Private Property，Routledge，1991.

［3］Stephen M. Bainbridge，The New Corporate Governance In Theory and Practice，Oxford University Press，2008.

［4］Frank H. Easterbrook，Daniel R. Fischel，The Economic Structure of Corporate Law，Harvard University Press，1996.

［5］Stephen M. Bainbridge，Corporation Law and Economics，Foundation Press，2002.

［6］Eilĺs Ferran and Look Chan Ho，Principles of Corporate Finance Law(Second Edition)，Oxford University Press，2014.

（二）论文

［1］Arugaslan，Douglas and Kieschnick，On the Decision to Go Public with Dual Class Stock，16 Journal of Corporate Finance (2010) 170.

［2］Bernard S. Sharfman，A Private Ordering Defense of a Company's Right to Use Dual Class Share Structures in IPOs，63 Villanova Law Review(2018) 21.

［3］Bernard S. Black，Shareholder Passivity Reexamined，89 Michigan Law Review(1990) 520.

［4］Brian J.M. Quinn，Putting Your Money Where Your Mouth Is：The Performance of Earnouts in Corporate Acquisitions，81：1 University of Cincinnati Law Review(2012) 127.

［5］Bradford Jordan，Soohyung Kim and Nad Mark Liu，Growth Opportunities，Short-Term Market Pressure，and Dual-Class Share Structure，41 Journal of Corporate Finance(2016) 304.

［6］Clifford W. Smith and Jerold B. Warner，On Financial Contracting：An Analysis of Bond Covenants，7 Journal of Financial Economics(1979) 117.

［7］Dorothy S. Lund，Nonvoting Shares and Efficient Corporate Governance，71：3 Stanford Law Review(March 2019) 687.

［8］Douglas C. Ashton，Revisiting Dual-Class Stock，68 St. John's Law Review(1994) 863.

［9］Daniel R. Fischel，Organized Exchanges and the Regulation of Dual Class Common Stock，54 The University of Chicago Law Review(1987) 119.

［10］David F. Larcker，Gaizka Ormazabal and Daniel J.Taylor, The Market Reaction to Corporate Governance Regulation, 101 Journal of Financial Economics(2011) 431.

[11] Fisch, J. E., Governance by Contract: The Implications for Corporate Bylaws, 106:2 California Law Review(2018) 373.

[12] Frank H. Easterbrook and Daniel R. Fischel, Voting in Corporate Law, 26 Journal of Law and Economics(1983) 395.

[13] Grant M. Hayden and Matthew T. Bodie, One Share, One Vote and the False Promise of Shareholder Homogeneity, 30 Cardozo Law Review(2008) 445.

[14] Grossman and Hart, One Share-One Vote and the Market for Corporate Control, 20 Journal of Financial Economics (1988) 175.

[15] Harry DeAngelo and Linda DeAngelo, Managerial Ownership of Voting Rights : A Study of Public Corporations with Dual Classes of Common Stock, 14 Journal of Financial Economics(1985) 33.

[16] Henry T. C. Hu, Misunderstood Derivatives: The Causes of Informational Failure and the Promise of Regulatory Incrementalism, 102 Yale Law Journal(1993) 1457.

[17] Henry T. C. Hu and Bernard Black, The New Vote Buying: Empty Voting and Hidden(Morphable) Ownership, 79 Southern California Law Review(2006) 811 .

[18] James D. Cox and Randall S. Thomas, Delaware's Retreat: Exploring Developing Fissures and Tectonic Shifts in Delaware Corporate Law, 42:2 Delaware Journal of Corporate Law (2018) 323.

［19］Jeffrey N. Gordon, Ties That Bond: Dual Class Common Stock and the Problem of Shareholder Choice, 76:1 California Law Review(1988) 1.

［20］Joel Seligman, Equal Protection in Shareholder Voting Rights: The One Common Share, One Vote Controversy, 54 George Washington Law Review(1985) 688.

［21］Jonathan R. Macey, Fiduciary Duties as Residual Claims: Obligations to Nonshareholder Constituencies from A Theory of the Firm Perspective, 84 Cornell Law Review(1999) 1266.

［22］James Kristie, Dual-Class Stock: Governance at the Edge, 3 Directors and Boards(2012) 40.

［23］Jonathan Cohen, Negative Voting: Why It Destroys Shareholder Value and a Proposal to Prevent It, 45 Harvard Journal on Legislation(2008) 237.

［24］Janice Kay McClendon, Bringing the Bulls to Bear: Regulating Executive Compensation to Realign Management and Shareholders' Interests and Promote Corporate Long-Term Productivity, 971 Wake Forest Law Review(2004) 1016.

［25］Kristian Rydqvist, Dual-class Shares: A Review, 8:3 Oxford Review of Economic Policy(1992) 45.

［26］Kai Li, Herman Ortiz-Molina, and Xinlei Zhao, Do Voting Rights Affect Institutional Investment Decisions? Evidence from Duel-Class Firms, 37:4 Financial Management(2008) 713.

［27］Kee H. Chung and Hao Zhang, Corporate Governance and Institutional Ownership, 46:1 Journal of Financial and Quantitative Analysis(2011) 247.

［28］Lucian A. Bebchuck and Kobi Kastiel, The Untenable Case for Perpetual Dual-Class Stock, 103 Virginia Law Review (2017) 585.

［29］Lucian A. Bebchuck, Limiting Contractual Freedom in Corporate Law: The Desirable Constraints on Charter Amendments, 102:8 Harvard Law Review(1989) 1820.

［30］Louis Lowenstein, Shareholder Voting Rights: A Response to SEC Rule 19c-4 and to Professor Gilson, 89 Columbia Law Review(1989) 979.

［31］Micheal Jensen and William Meckling, Theory of the Firm: Managerial Behavior, Agency Costs and Ownership Structure, 3 Journal of Financial Economics(1976) 305.

［32］Marcel Kahan and Edward Rock, The Hanging Chads of Corporate Voting, 96:4 The Georgetown Law Journal(2008) 1227.

［33］Marcia Millon Cornett and Michael R. Vetsuypens, Voting Rights and Shareholder Wealth: The Issuance of Limited Voting Common Stock, 10:3 Managerial and Decision Economics (1989) 175.

［34］Paul A. Gompers, Joy Ishii and Andrew Metrick, Extreme Governance: An Analysis of Dual-Class Firms in the United States, 23 The Review of Financial Studies(2010) 1051.

［35］Stephen M. Bainbridge, The Case for Limited Shareholder Voting Rights, 53 UCLA Law Review(2006) 601.

［36］Stephen M. Bainbridge, The Scope of the SEC's

Authority over Shareholder Voting Rights, 7:16 UCLA School of Law(2007) 1.

[37] Thomas J. Chemmanur and Yawen Jiao, Dual class IPOs: A theoretical analysis, 36 Journal of Banking & Finance (2012) 305.

[38] Tian Wen, You can't Sell Your Firm and Own It Too: Disallowing Dual-class Stock Companies from Listing on the Securities Exchanges, 162 University of Pennsylvania Law Review (2014) 1495.

[39] Zohar Goshen and Assaf Hamdani, Corporate Control and Idiosyncratic Vision, 125 Yale Law Review(2016) 560.

[40] Zohar Goshen and Richard Squire, Essay, Principal Costs: A New Theory for Corporate Law and Governance, 117 Columbia Law Review(2017) 767.

[41] Fa Chen and Lijun Zhao, To Be or Not to Be: An Empirical Study on Dual-Class Share Structure of Us Listed Chinese Companies, 16:2 Journal of International Business and Law (2017) 215.

[42] R. H. Coase, The Nature of the Firm, 4:16 Economica (1937) 386.

[43] Raymond Siu Yeung Chan and John Kong Shan Ho, Should Listed Companies Be Allowed to Adopt Dual-Class Share Structure in Hong Kong, 155 Common Law World Review (2014) 155.

[44] Albert H. Choi, Concentrated Ownership and Long-Term Shareholder Value, 8 Harvard Business Law Review

(2018) 53.

（三）网络资料

［1］Council of Institutional Investors，"Dual-Class Stock"，last modified January 12，2019. https：//www.cii.org/dualclass_stock.

［2］Koji Toshima，"Cyberdyne's dual-class IPO"，last modified December 9，2014，https：//www.iflr1000.com/newsandanalysis/cyberdynEs-dual-class-lpo/index/1662.

［3］The Hedge Fund Journal，"Shareholder Activism Knows No Bounds"，last modified November 17，2017，https：//thehedgefundjournal.com/shareholder-activism-knows-no-bounds/.

［4］SEC，"Snap Inc.，Amendment No.2 to Form S-I Registration Statement"，last modified February 16，2017，https：//www.sec.gov/Archives/edgar/data/1564408/000119312517045870/d270216ds1a.htm#toc.

［5］SEC，"JD.com，Inc.，Annual and transition report of foreign private issuers［Sections 13 or 15（d）］（FORM 20-F ）"，last modified April 27，2018，https：//www.sec.gov/Archives/edgar/data/1549802/000110465918027777/a18-5116_120f.htm.

［6］SEC，"Snap Registration Statement"，last modified February 14，2017，https：//www.sec.gov/Archives/edgar/data/1564408/000000000017005379/filename1.pdf.

［7］Hamlin Lovell，"Shareholder Activism Knows No Bounds"，last modified December 2017，https：//www.srz.com/images/content/1/5/v2/154113/The-Hedge-Fund-Journal-Shareholder-Activism-Knows-No-Bounds-Dece.pdf.

［8］ HKEX，"Guidance Letters for New Applicants GL93-18"，last modified April 2018，https：//en-rules.hkex.com.hk/rulebook/gl93-18.

［9］ University of Florida，"Initial Public Offerings：Dual Class IPOs"，last modified December 31，2018，https：//site.warrington.ufl.edu/ritter/files/2019/04/IPOs2018DualClass.pdf.

［10］ Harvard，"The Promise of Market Reform：Reigniting America's Economic Engine"，last modified May 18，2017，https：//corpgov.law.harvard.edu/2017/05/18/the-promise-of-market-reform-reigniting-americas-economic-engine/.

［11］ SEC，"Google，Inc.，Registration Statement（Form S-1)"，last modified April 29，2004，https：//www.sec.gov/Archives/edgar/data/1288776/000119312504073639/ds1.htm.

［12］ SEC，"The Scope of the SEC's Authority over Shareholder Voting Rights"，last modified May 14，2007，https：//www.sec.gov/comments/4-537/4537-17.pdf.

［13］ Bernstein Litowitz Berger & Grossman，"When One Share Does Not Mean One Vote：The Fight Against Dual-Class Capital Structures"，last modified January 12，2020，https：//www.blbglaw.com/news/publications/2018-05-21-when-one-share-does-not-mean-one-vote-the-fight-against-dual-class-capital-structures-by-mark-lebovitch-and-jonathan-uslaner-as-published-by-sacrs-magazine/_res/id=File1/SACRS%20MarkL.pdf.

［14］ SGX，"Responses to Comments on Consultation Paper，Proposed Listing Framework for Dual Class Share Structures"，last modified February 16，2017，https：//api2.sgx.com/sites/default/files/Responses% 2Bto% 2BFeedback% 2Bon% 2BDCS% 2BConsultation%2BPaper.pdf.

[15] SGX, "Mainboard Rules, Chapter 7 Continuing Obligations, Part X Dual Class Share Structure—Continuing Listing Obligations", last modified June 26, 2018, http://rulebook. sgx. com/rulebook/part-x-dual-class-share-structure-continuing-listing-obligations.

[16] London Stock Exchange, "London Stock Exchange, Listing Regime,U.K. Listing Rule 7.2.1A,Premium Listing Principles 3 & 4", last modified September 26, 2020, http://www.londonstockexchange. com/companies-and-advisors/main-market/companies/primary-and-secondary-listing/listing-categories.htm.

[17] Professor Bainbridge, "Understanding Dual Class Stock Part I: An Historical Perspective", last modified September 9, 2017, https://www.professorbainbridge.com/professorbainbridgecom/2017/09/understanding-dual-class-stock-part-i-an-historical-perspective.html.

[18] SEC, "Perpetual Dual-Class Stock: The Case Against Corporate Royalty", last modified February 15, 2018, https://www.sec.gov/news/speech/perpetual-dual-class-stock-case-against-corporate-royalty?from = groupmessage .

[19] Council Institutional Investment, "CII Petitions Nasdaq Regarding Multi-Class Share Structures", last modified October 24, 2018, https://www.cii.org/files/issues _ and _ advocacy/correspondence/2018/20181024%20NASDAQ%20Petition%20on%20Multiclass%20Sunsets%20FINAL.pdf.

［20］Council Institutional Investment，"CII Petitions NYSE Regarding Multi-Class Share Structures"，last modified October 24，2018，https：//www.cii.org/files/issues_and_advocacy/correspondence/2018/20181024％20NYSE％20Petition％20on％20Multiclass％20Sunsets％20FINAL.pdf.

［21］Council Institutional Investment，"CII Petitions NASDAQ Regarding Multi-Class Share Structures"，last modified March 29，2017，https：//www.cii.org/files/issues_and_advocacy/correspondence/2017/03_29_17_letter_to_SGX.pdf.

［22］SEC，"Perpetual Dual-Class Stock：The Case Against Corporate Royalty"，last modified February 15，2018，https：//www.sec.gov/news/speech/perpetual-dual-class-stock-case-against-corporate-royalty.

后　　记

　　写作是一个不断输入知识并经过消化之后再次呈现出来的过程，对我而言，这一过程并不轻松自在。从开始选题到最终完成写作，仿佛是经历了一次奇妙的历险。从最初对选题充满好奇欣喜，到资料搜集与写作途中遇到各种瓶颈与困境，寻求帮助并努力解决问题的过程就好像是与挡住自己前进之路的怪兽来了一场恶战，但是交锋并非总是完胜，也存在妥协与不甘，失败时也会自我质疑，但是在导师、家人以及好友们的支持与陪伴中，终达旅途止境。习作过程正是应了那句"自入巷至出巷，须视若一期一度之会"。本书的写作的时光不会再来，尽管作品本身并不完美，但这一过程仍值得我珍重，它会化作我今后继续深入学习与研究的成长基石。

　　感谢恩师于莹教授。从硕士到博士，七年光景说来长，但感受却在须臾之间。我现有的成果离不开恩师的指导，我的成长也伴随着恩师点点滴滴的爱。回顾这些光景，总有些后悔，不知是否辜负了恩师的关怀。懈怠时，幸有恩师的督促；迷茫时，总会首先想到寻求恩师的建议，在恩师的鼓励中，面对挫折我也收获了自信。

对学术上的求知欲,更是离不开恩师对知识谦逊态度的影响。恩师时常鼓励我们要勇于提出问题,面对不会的知识并不可耻,研究本身就是一个不断学习丰富自身知识储备的过程,她鼓励我们质疑,继而激发我们不断探索前进。

感谢全家对我读博深造的支持,如果不是家人的鞭策,我可能会错失这段奇妙的经历。感谢我的好友和诸位同门在我感到压力巨大时,为我加油打气。好友时常询问我的研究近况,诸如是否有成果产出等,虽然倍感压力,但是这也在无形中督促了我。即便毕业,同门之间也时常联系,面对学习过程中的焦虑,大家彼此之间的共鸣成为疏解负面情绪的有效方式,相互调侃之间,也是灵感相互碰撞的过程。

写作的过程不仅仅让我体会到了学海无涯,知识的积累是无止境的,也让我对生活的态度发生了转变。在这个过程中,我体会到了专注于一件事的意义与乐趣,也学会了面对压力时应当如何应对,切实感受到了自己的成长。感恩所经历的一切,感恩这一路帮助过我的所有人。

图书在版编目(CIP)数据

上市公司差异化表决权法律制度研究/蒋传光主编；
张赫曦著.—上海：上海人民出版社，2023
ISBN 978-7-208-18065-9

Ⅰ.①上… Ⅱ.①蒋… ②张… Ⅲ.①上市公司-股
东-权利-信托制度-研究-中国 Ⅳ.①D922.291.914

中国国家版本馆 CIP 数据核字(2023)第 046582 号

责任编辑 冯 静 伍安洁
封面设计 一本好书

上市公司差异化表决权法律制度研究
蒋传光 主编
张赫曦 著

出 版	上海人民出版社	
	(201101 上海市闵行区号景路 159 弄 C 座)	
发 行	上海人民出版社发行中心	
印 刷	上海商务联西印刷有限公司	
开 本	635×965 1/16	
印 张	13.5	
插 页	2	
字 数	150,000	
版 次	2023 年 5 月第 1 版	
印 次	2023 年 5 月第 1 次印刷	
	ISBN 978-7-208-18065-9/D·4053	
定 价	65.00 元